U0122348

Staread
星文文化

廉价日本

[日] 中藤玲

刘菊玲／译

著

安いニッポン
「価格」が示す停滞

北京日报出版社

图书在版编目（CIP）数据

廉价日本 /（日）中藤玲著；刘菊玲译. -- 北京：北京日报出版社，2024.1

ISBN 978-7-5477-4642-4

Ⅰ.①廉… Ⅱ.①中… ②刘… Ⅲ.①消费水平—研究—日本 Ⅳ.① F131.347

中国国家版本馆 CIP 数据核字 (2023) 第 119085 号

YASUI NIPPON KAKAKU GA SHIMESU TEITAI written by REI NAKAFUJI.

Copyright © 2021 by Nikkei Inc. All rights reserved.

Originally published in Japan by Nikkei Business Publications, Inc.

Simplified Chinese translation rights arranged with Nikkei Business Publications,Inc. through BARDON CHINESE CREATIVE AGENCY LIMITED.

著作权合同登记图字：01-2023-5010

廉价日本

出 品 人：柯 伟
选题策划：刘思懿
责任编辑：王 莹
特约编辑：刘思懿
封面设计：水 沐
版式设计：修靖雯
出版发行：北京日报出版社
地　　址：北京市东城区东单三条 8-16 号东方广场东配楼四层
邮　　编：100005
电　　话：发行部：（010）65255876
　　　　　总编室：（010）65252135
印　　刷：北京盛通印刷股份有限公司
经　　销：各地新华书店
版　　次：2024 年 1 月第 1 版
　　　　　2024 年 1 月第 1 次印刷
开　　本：880 毫米 ×1230 毫米　　1/32
印　　张：7.5
字　　数：148 千字
定　　价：49.80 元

前　言

正视日本的廉价

"咦，这不该是 100 日元[①]吗？"

2019 年，我在韩国首尔旅行时，曾前往首尔市内的大创[②]商店，准备买些韩国不锈钢餐具作为礼物带回国。然而，我的手却停在了琳琅满目的商品架前。

我看中的碗筷的种类相当多，价格大多要 3000 韩元（约 280 日元）或 5000 韩元（约 470 日元）。

这些在日本可能花 100 日元就能买到的东西，让我觉得有点贵。

就在放弃购买的瞬间，我的脑海中突然闪过一个念头："难道日本商品的价格过于便宜吗？"

产生这个疑问后，我脑海中便接连浮现出下面的记忆。

我在泰国曼谷的购物中心，喝一杯拿铁咖啡大约要 700 日元，那里西装的销售价格也比我预期的要贵。在印度班加罗

[①]　按照 2021 年 1 月 1 日汇率计算，100 日元约合人民币 6.25 元。——译者注（本书译注无特别标注外，均为译者注）

[②]　日本百元店品牌。

尔①，一家干净的酒店，它的价格约为 3 万日元。要注意，这个酒店并不像日本的商务酒店一样物美价廉、清洁舒适。倘若追求舒适，还得花更多的钱。

曾几何时，东京号称"不管是土地还是其他东西，通通都是全球最贵的"，而今这已成了老皇历。

当我重新审视日本的物价时，脑海中自然地回荡起曾经深受入境游客追捧的某家电量贩店中一位高管的喃喃自语："游客之所以时不时来日本，并不是因为日本有多好，只是因为买东西划算罢了。"

关于以上问题，《日本经济新闻》曾于 2019 年 12 月以《廉价日本》为题，做了三期报道，我也以记者身份参与了该报道的制作。第一期刊登的报道名为《价格反映出的日本停滞——迪士尼与大创，全球最低价》，其内容主要讲述了相比全球同类设施，日本的迪士尼乐园、大创、酒店等产业的价格是最便宜的，人员的薪资亦无增长，这些都反映出日本跟不上全球发展节奏，处于停滞状态的现状。紧随其后的两期报道为：《价格暴涨的新雪谷②，在全球也仅排名第 31 位！依赖外需的增长很脆弱》，以及《"年收入 1400 万日元是低收入！"人才流失的风险增大》。

上述三期报道，在电视和社交媒体上获得了极大的反响：

---

① 班加罗尔是印度第三大城市，卡纳塔克邦的首府，有"印度硅谷"之称。

② 新雪谷：日本北海道的滑雪胜地，也称为二世谷。

"没想到日本的通货紧缩已经严重到了这个地步。"

"果然如此啊，我每次从国外出差回来，总是会被日本的物美价廉感动到。"

正如上述留言所示，在日常生活中，每个人都曾产生过类似的疑问。

但与此相对，也有不少人表示："假如一直生活在日本，即使工资低一些，只要物价足够便宜的话，也可以活得很轻松。这有什么不好吗？"

通货紧缩，指的是物价持续下跌的现象。在日本，物价几乎从未上涨过，而且是长期处于类似通货紧缩的经济状态，这比通货膨胀更糟。倘若通货紧缩持续下去，日本迟早会被经济持续增长的世界所抛弃，招不到人才甚至买不起商品。尽管现在大家都一窝蜂地吃 300 日元的牛肉盖饭，但总有一天大家会连牛肉盖饭也吃不起。

从民众的角度来看，廉价无疑会让"生活更轻松"，但是站在供给方的立场上看，则会导致收益无法提升。最终结果是薪资原地踏步、消费难以带动、需求增长无力，社会经济陷入恶性循环之中。由于价格一旦下调便很难再涨回原价，因此大多数企业都倾向于竭尽全力降低生产成本，尽量不改变价格。

对于单个企业而言，降低成本是经营的最佳选择，大企业也不例外。然而，在降低成本的过程中，真的能产生令世界秩序为之一变的创新产品吗？

事实上，日本现在的停滞与廉价脱不了干系。

考虑到这些，大家难道不觉得薪资和物价同时上涨的国家，更具有成长和发展的潜力吗？难道不觉得生活在那样的国家，自己的人生规划也会更具多样性吗？

现在的日本，人们要么选择"忍着攒钱"，要么选择"省着用钱"，除此之外别无选择。在日本止步不前的、被称为"失去的 30 年"里，世界在不断地发展，日本在全球的地位一落千丈。

我在首尔看到的大创商品的价格，正好反映出了日本不可思议的廉价现状与悄然变化的时代脉搏。

本书是在《日本经济新闻》、日经电子版上刊登的《廉价日本》等报道的基础上，增加了当时因篇幅限制未能发表的内容，以及我在新的采访中收获的故事，并且回答了读者的一些疑问。我走访了许多地方，在行走中思考着这些问题。此外，书中登场的人物，使用的是其受访时的头衔。

目前，由于新冠肺炎疫情蔓延，人们不得不克制外出，经济活动亦受到了极大限制。在这样的情况下，"廉价日本"将何去何从？认识到日本与世界之间存在巨大差距之后，日本政府、企业以及个人又应该做些什么呢？

本书揭露了被廉价玩弄于股掌之间的人们与产业的真实面貌，读者若能从中获得面向未来的些许启发，我将深感荣幸。

中藤玲

2021 年 2 月

目录

第一章

物价低廉的国度

——迪士尼与大创的价格皆处于全球最低水平？

第二章

人才廉价的国度

——年收入 1400 万日元是低收入?

第三章

"被买走"的国度
——外国人如何买下日本?

第四章

廉价日本的未来
——后疫情时代，世界会怎样发展？

第一章

物价低廉的国度

——迪士尼与大创的价格皆处于全球最低水平？

过去回转寿司被称为"旋转寿司";
现在,传统的寿司店被称为"不转寿司"

1

全球价格最低的"梦之国"

"光门票就这么贵！"

2018 年 7 月，美国加利福尼亚州，正在此地与妻子度蜜月的公司职员①龙泽晓宗先生（26 岁），一下子从幸福的享受中被迫回到残酷的现实中。

因为他惊讶地发现，从旅行社购买的迪士尼乐园的门票，每张居然要 1.6 万日元，是东京迪士尼乐园门票价格的 2 倍多（以当时价格而言）。他要是再吃点饭、买点礼物什么的，口袋里的钞票岂不如同长了翅膀，一张张全飞走了？

"以前觉得东京迪士尼乐园贵，没想到这里的更贵。"

最终，夫妻俩仅待了一周，就花了 80 多万日元。

龙泽先生感叹道："连酒店早餐咖啡的价格，都是日本的 2 倍左右。我宽慰自己说，蜜月就这么一次，可还是……"

---

① 日本的公司职员指的是公司的正式员工，由于日本企业大量雇佣兼职人员、临时工、合同工、派遣员工，因此日本的正式员工社会地位很高。

与此相对，在千叶县浦安市的舞滨站①。

2020年1月，新冠肺炎疫情尚未在日本本土大面积暴发。当时，这里游人如织，大多是手上拿着五颜六色的气球和大袋子的家庭游客。他们背对着"梦之国"东京迪士尼乐园，脸上洋溢着幸福的笑容。在黄昏时分的舞滨站前，这样的景象人们早已司空见惯。

我曾询问从泰国组团来玩的3名20多岁的女子，为什么会选择东京迪士尼乐园。她们给出的回答是："东京迪士尼乐园便宜得简直太令人满意了，演职人员的水平也很高！"

"住的是附近的酒店，人均花费却不到2万日元。日本的性价比真是从未让人失望过。"她们离开的时候依旧满脸笑容。

为了找出造成这一差距的原因，我对比了全球迪士尼乐园成人日票（当日票，单个园区）换算成日元后的价格。

考虑到新冠肺炎疫情对各乐园运营情况的影响，我选取了相对有可比性的一些乐园。以2021年2月中旬的某一天为基准，比较它们在同一天的预订价格（价格按当年1月下旬汇率计算。因加州的迪士尼乐园无限期闭园，故使用的是其2019年的价格，巴黎的迪士尼乐园则使用2021年4月预计恢复开放时的价格）。

结果发现，在全球开设迪士尼乐园的6个城市中，日本东京迪士尼乐园的门票价格是最低的，仅为8200日元。而美国佛

① 东日本旅客铁道（JR东日本）京叶线的铁路车站。

罗里达州的迪士尼乐园的门票价格则比东京高出约八成，为 1.45 万日元，加州、巴黎和上海的迪士尼乐园的门票价格均超过了 1 万日元。当然，各乐园在规模（占地面积等）上存在差异。然而，据说"比日本的迪士尼乐园还要小"的中国香港的迪士尼乐园门票也要约 8500 日元。东京迪士尼乐园门票价格偏低这一特征，在新冠肺炎疫情之前便已存在。早在 2020 年 3 月之前，东京迪士尼乐园的门票价格只有 7500 日元，差不多是美国佛罗里达州迪士尼乐园门票价格的一半。

佛罗里达、上海以及巴黎的迪士尼乐园，均导入了根据客流量灵活调整价格的动态定价机制。在不同日期，价格会有 3000 日元到 5000 日元的波动幅度。佛罗里达迪士尼乐园的门票价格最低时也要约 1.2 万日元，而上海迪士尼乐园却有好几天只要约 6400 日元。东京迪士尼乐园将从 2021 年 3 月开始导入动态定价机制，但平日和周末的差价只有区区 500 日元，对此后文将详细论述。

基于东京迪士尼乐园的价格处于全球最低水平这一现实，我们一定会想，日本人应该觉得很划算吧。

然而在舞滨站前采访东京迪士尼乐园出来的一个日本家庭时，我却听到了与此略有不同的感想。

一名日本男子（46 岁）带着妻子和两个年幼的女儿来迪士尼乐园游玩，他说："光门票就已经很贵了，再加上交通费，一个人要花上万日元。在里面吃饭、买饮料都很贵，所以我们从家里带了水壶过来。"据说是因为女儿当天过生日，他才会豁出去带家人来玩的。该男子苦笑着说："而且感觉一年比一年贵，根本没法经常来玩。"

对此，第一生命经济研究所首席经济学家永滨利广先生指出："从日本人的收入和生活水平来看，即使是全球门票价格最低的迪士尼乐园，他们也会觉得贵。"

即使 6 年上涨 2000 日元，也未达到全球水平

正如上文中那位带着家人来玩的男子所言，东京迪士尼乐园近年来持续上调了门票价格。

2014 年 3 月之前，东京迪士尼乐园的门票价格是 6200 日元，当年 4 月份政府上调消费税后，门票价格便同步调整到了 6400 日元（上涨 200 日元）。在那之后门票价格一路上涨，2015 年为 6900 日元（上涨 500 日元）、2016 年为 7400 日元（上涨 500 日元）、2019 年为 7500 日元（上涨 100 日元），2020 年 4 月上涨了 700 日元，是历年来上涨幅度最大的一次，门票价格达到了 8200 日元。然而，尽管 6 年间一共上涨了 2000 日元，东京迪士尼乐园的门票价格仍然是全球最便宜的。

东京迪士尼乐园是全球为数不多的、非美国华特迪士尼公司直营的园区。根据许可协议，运营该园区的是东方乐园公司。当我询问该公司关于门票价格偏低的问题时，对方回答："我们会定期对入场游客进行价格敏感度调查，目前的定价是符合园区价值的合理价格。"

低价确实有助于吸引游客。2018 年，东京迪士尼乐园迎来

了开业 35 周年，该年度（2018 年 4 月至 2019 年 3 月）的入园人数达到了史上最高的 3255.8 万人。然而颇为讽刺的是，一名来自中国的 29 岁女性游客表示："便宜是便宜，但人太多了，想玩的项目几乎都排不上，还是觉得贵了。"鉴于此，东方乐园公司新增了总额为 2500 亿日元的投资，对园区进行扩建。

新冠肺炎疫情暴发后，东京迪士尼乐园亦遭受巨大的冲击。

为防止疫情扩散，该乐园自 2020 年 2 月底起临时休园，2019 年度（2019 年 4 月至 2020 年 3 月）的入园人数约为 2900.8 万人，较上年度减少了一成。由于重新开放后，依然需要限制入场游客的人数，该度假区预计 2020 年度的入园人数将跌至历史最低水平的 950 万人。根据官方发表的数据显示，该乐园 2020 年度的最终损益为亏损 511 亿日元（上一年度为盈利 622 亿日元）。这是自 1996 年上市以来，该乐园首次出现年度亏损。

陷入困境的东京迪士尼乐园，终于决定引入根据需求灵活调整价格的动态定价机制。从 2021 年 3 月 20 日开始，在周末、节假日、春假等旺季，园区的门票价格将上调 500 日元，达到 8700 日元。虽然在 2021 年该乐园的价格仅上调了 500 日元，但东方乐园公司计划在积累一定的经验后，再设定更为细致的价格区间并予以实施。像这样，根据人流量或节假日调整票价的办法，在美国等其他园区实施已久。

据估算，东京迪士尼乐园若想实现盈利，需要在原来客流量的基础上再增加六成的入园人数。该乐园游客的人均销售额，最高纪录是 2018 年的 11815 日元（其中门票收入为 5352 日元，商品销售收入为 4122 日元，餐饮销售收入为 2341 日元）。目前，受新冠肺炎疫情影响，入园人数无力提升，于是东京迪士尼乐园试图借涨价提升客单价。

东京迪士尼乐园自上市以来，客单价首次超过 11000 日元还是在 2013 年，当时正值经济复苏时期。但如今，像这样的声音却不绝于耳："因为疫情，公司业绩下滑，奖金也少了。即使疫情稳定后想和家人一起去迪士尼乐园玩，也会因为门票价格上涨而难以实现。"

尽管东京迪士尼乐园的门票价格涨到了 8700 日元，还是不及美国迪士尼乐园的价格的七成。即便如此，依然无法打动日本的消费者。

2

只有日本"一律100"

日本偏离世界普遍标准的低价，体现在一切商品和服务上。

比如，知名百元店品牌大创。该公司的店铺内陈列着约 7.6 万种商品，其中近九成商品以不含税 100 日元的价格出售。2021 年 1 月，我实地走访了大创在东京葛饰区的龟有分店。这家店的面积约 2800 平方米，摆放着约 5 万件商品，如果一件件仔细看完，估计要花一天的时间。这里同样有"户外专柜""加湿器专柜"等和大型量贩店类似的专柜，但几乎所有商品都只卖 100 日元。当时店里的每个收银台前都排了 30 人以上的长龙，排队的人既有年轻的母亲，也有上了年纪的老者。

新冠肺炎疫情暴发前，大创商店也曾是入境游客的热门打卡地点。2019 年，一位来自马来西亚的女子，在位于东京涩谷的大创原宿店，购买了满满一篮子的卡通海绵、塑料盒等商品。

她笑着说："这么便宜真的没关系吗？"

大创商店可谓廉价日本的象征。尽管其运营商大创公司（位于广岛县东广岛市）至今还是非上市公司，但它却在海外 26 个

大创龟有分店

正在采购的人们，我听到前来购物的人兴奋的声音："这也100日元？"

国家和地区拥有 2248 家分店，是一家跨国公司^①。

自 2001 年大创商店在中国台湾开设第一家海外分店以来，它先后在韩国开设了 1365 家分店，在泰国开设了 120 家分店，在中东的阿拉伯联合酋长国也拥有 44 家分店。那么，这些分店的价格又怎么样呢？

据大创公司介绍，其海外分店的商品价格并不像日本这样"一律 100"，而是根据商品的不同类别划分为三个不同等级。

比如，中国台湾大创分店的商品的基本价格为 49 元新台币，所以是"180 日元店"，还有好几种商品的售价高于这个价格。

按照 2021 年 1 月下旬的汇率计算，大创商店在各个国家和地区的基本价格如下：美国 1.5 美元（约 160 日元）^②、新西兰 3.5 新西兰元（约 270 日元）、泰国 60 泰铢（约 210 日元）、菲律宾 88 比索（约 190 日元）、中国澳门 15 澳门元（约 200 日元）、以色列 10 谢克尔（约 320 日元）……

除了上述国家和地区之外，其他地区也没有售价"一律 100"日元的大创商店。换言之，与迪士尼乐园一样，日本大创商店的价格亦处于全球最低水平。

---

① 大创海外分店数量统计至 2020 年 12 月，含合资和代理店。海外价格为 2020 年 2 月的价格。

② 除明确说明外，本书中所有美元兑换日元均以 2021 年 1 月 1 美元约 103 日元计算。——编者注

在海外即便涨价，也依旧备受中产家庭的喜爱

就造成上述价格差异的原因，我询问了大创公司的高管，得到以下回答：

"海外大创商店与日本大创商店之间的价格差异，主要由 3 个原因造成：①物流费用；②人工成本与租金等当地运营费用；③关税及检查费用。"

比如，巴西大创分店的商品定价高出日本大创商店的那部分，几乎都是由关税等税费造成的，但该高管也表示："亚洲等新兴国家则是因人工成本和租金急剧上升造成的。"

在亚洲国家和地区开设的大创分店，多位于大城市的大型购物中心，该高管说："像曼谷分店，那里的租金和人工成本都非常高。"而中国台湾的分店，虽然关税很低，但是仍定价为约 180 日元，是因为"（比日本高出的）约 80 日元差不多都是人工成本"。

我曾认为"可能因为大创商店是日本企业，商品产自日本，在日本销售无须多少物流费用，所以才会最便宜"。然而，即使是从中国进口的商品，在日本的价格也比在中国的价格（约 160 日元）便宜。

为了削减全球物流成本，大创公司目前正在马来西亚建设大规模的物流基地。然而，当被问到"节约出来的物流成本，是否会反映到海外商品的价格上"时，知情人士给出的答案是："当地的人工成本高涨，大幅度的降价可能不现实。"

事实上，中国台湾等地的大创商品，价格不仅没有下降，反

而上涨了。

中国台湾的大创分店从 2009 年开始，便以 39 元新台币[①] 的基础价格进行销售，此后 10 年间因人工、物价、原材料等大幅上升，在 2019 年 8 月，基础价格便已上调到了 49 元新台币。

那么，为什么即使价格高出 100 日元，大创商品在海外依然畅销呢？

大创公司的高管对此的解释是："在海外，我们的产品上都贴着'JAPAN'（日本），是依托'日本企业等于高品质'的品牌号召力来提升销售的。"

他同时补充道："更为重要的原因是，目前大创进军的所有国家和地区，人工成本、租金、物价以及收入都在上涨，当地购买力也随之提高，所以才能畅销。假如换作 20 年前，即使产品有再高的品质，'在新兴国家定价 200 日元'的商品是无论如何也卖不出去的。"

除此之外，还有一个原因，那便是与大创类似的商业模式在海外并不多见。

在美国，虽然也有"1 美金店""99 美分店"，但来自旅居纽约的日本家庭主妇评价说："（它们）商品种类少，质量也远比大创差。"

大创商品不但品质一流，且种类齐全，甚至连其员工也坦言："我有时都会觉得十分惊讶，那么好的东西居然只卖 100 日

①　按照 2019 年 8 月的汇率，约合 143 日元。

元。"那么，既然价格与品质好像不那么匹配，日本大创商店是否也应该考虑提高价格呢？然而，一位知情人士却透露："鉴于鸟贵族①在2017年上调价格，导致其既有店铺销售额下滑的前车之鉴，大创公司高层的判断是'根本无法涨价'。"

大创商店把商品统一定价为100日元，还是1977年的事情。

对此，精通商品和服务价格的东京大学经济学部部长渡边努教授指出："四十多年间，大创商品的定价一直是100日元，这本身就是一种异常情况。"

---

① 鸟贵族：日本知名居酒屋品牌店，价格亲民。

3

回转寿司也数日本最便宜

在日本，还有一个"100日元"的代名词，那便是回转寿司。

近来，回转寿司又因其廉价而备受关注。

疫情暴发后，为防止新冠肺炎病毒扩散，日本民众外出减少，需求下降。为刺激民众外出用餐需求，支持餐饮行业，2020年10月，日本政府推出了"Go To Eat"（出去吃）政策。具体来说，民众只要通过指定的预约网站预约餐厅，并在下午3点以后去店内吃晚餐，每人便可获得相当于1000日元的积分。

对政策的适用对象——餐饮店而言，这项政策带来的实惠与店铺日常推行的优惠活动并无差异，但唯独"无限藏寿司"在网络上成了热点话题。

举例来说，若两个人前往回转寿司连锁巨头"无添藏寿司"共进晚餐，共花费2000日元。那么通过预约网站"E排客"预约，他们可以获得相当于2000日元的积分，在下一次前往无添藏寿司时，两人使用这2000积分预约的话，便又可以吃到一顿

2000 日元的晚餐，同时再一次获得相当于 2000 日元的积分。如此一来，便形成了无限循环，消费者实际上只需支付很少的费用，便可实现寿司自由。由于该寿司店的全名叫作"无添藏寿司"，因此网友便将此情形戏称为"无限藏寿司"。

一位家住四国①的六旬女子表示："除了第一顿支付的费用以外，几乎不用花钱。而且，他们那里便宜又好吃，在活动期间我每周必去。"可惜的是，东京都内的无添藏寿司很难预约到，几乎每次活动刚开始，便已约满。得益于这项政策，2020 年 10 月，无添藏寿司在日本国内既有店铺的销售额，相比去年同期甚至还增长了 26%。

"无限藏寿司"的背后是客单价

"无限藏寿司"这个热词并非无添藏寿司刻意创造出来的，而是在消费者之间自发产生并迅速走红的。无添藏寿司之所以能在众多餐饮店中脱颖而出，主要有三个原因：

首先，得益于其与预约平台"E 排客"多年的合作，无添藏寿司在"Go To Eat"活动实施之初，并未像其他餐饮店那样发生各种混乱。

其次，"E 排客"与其他预约网站也有所不同，它的积分最快两小时内即可到账，这也使得消费者能够在短时间内频繁光顾无添藏寿司。

---

① 四国：日本地域上的习惯称呼，位于日本西南地区，包括德岛县、香川县、爱媛县、高知县。

最后，也是最重要的一点，便是无添藏寿司足够便宜。"Go To Eat"人均返点的积分是 1000 日元，这"正好与无添藏寿司的客单价人均 1000 日元'不谋而合'"，无添藏寿司田中邦彦社长说。换言之，"Go To Eat"活动期间，如果消费者一直前往无添藏寿司用餐，那么从第二顿开始，他们便只需花少量费用，即可尽情享受美食。当然，这离不开政府提供的经费支持，但也正是因为无添藏寿司的晚餐客单价原本就低至 1000 日元，才使得"无限藏寿司"如此火爆。

回转寿司连锁店的价格大多是"100 日元一碟"，因其便宜深受消费者喜爱，而与此相对的高级寿司店则被称为"不转寿司"。无添藏寿司的寿司种类，含军舰卷在内大约有 100 种，其中 80% 以上至今仍以不含税 100 日元的价格向顾客供应。

回转寿司店之所以能以 100 日元的低价销售，其背后是极致的成本压缩。许多回转寿司连锁店为了降低人工成本，引进了能够自动捏饭团的寿司机器人，以及方便顾客自助点餐的触摸屏。而无添藏寿司更是在餐桌上设有回收餐碟的投入口，自动计算碟子的数量。

此外，回转寿司店里的寿司需要通过传送带不断地传送出去，倘若某种寿司拿的客人很少，最后只能废弃，各大连锁店都因为废弃寿司过多而烦恼。无添藏寿司却使用独特的方法，成功地降低了寿司的废弃率。他们发现，客人的平均就餐时间约为 40 分钟，但只有最初 10 分钟食用的寿司最多。于是，他们根据到店成人与儿童的人数、历史销售数据，对客人的食用数量、种类、速度等进行量化，由此掌握了传送带最有效的运转方式。无添藏寿司便是这样，通过调整寿司传送的数量、品种和顺序，把废弃率控制在 3%~4%，达到了业界最高水准。

除此之外，无添藏寿司在原材料的采购上也下足了功夫。

无添藏寿司从 2015 年开始对定置网①整船购买，这种采购模式是指：无论渔民用定置网捕获到什么样的鱼，无添藏寿司都全盘接收。他们把捕获的鱼通过专用运输路线，送往国产野生鱼加工中心。对于无法用作寿司原材料的鱼，如小幼鲕鱼等，他们也会对其进行加工或把它们用于养殖。通过这样的努力，无添藏寿司实现了国产野生鱼的稳定采购与加工，得以向顾客供应物美价廉的国产野生鱼寿司。该公司还与日本国内 110 个渔港直接交易，因此原材料的采购价格很低廉。

无添藏寿司的田中社长说道："不仅消费者追求便宜，做出好产品的生产者也是一样。生产者为了让更多的人能品尝到自己的东西，也会设法让价格变得便宜。"

这样的回转寿司，如今得到了全世界的认可。

33 岁的约翰就职于美国一家金融机构，他每个月都要去洛杉矶出差一次，并且每次都会前往无添藏寿司的美国分店 "KULA"。那里不仅有美式寿司卷"加州卷"，还有日式寿司，他都很喜欢。说到回转寿司的魅力，他侃侃而谈："那里的寿司很卫生，每个碟子上都盖着透明的盖子，看着它们'嗖'地一

---

① 定置网：一种在鱼群活动的通道上设网的捕鱼法。

无添藏寿司美国圣迭戈分店，也跟日本一样利用传送带运送寿司

下来到眼前（单点专用传送带）简直是种享受。这种科技与美食的完美融合，真是有趣极了！"

无添藏寿司于 2009 年开始进军海外市场，在美国加利福尼亚州的尔湾① 开设了第一家海外分店，紧接着又在得克萨斯州开了分店。当时，健康饮食成为潮流，于是无添藏寿司在以牛排等肉食著称的得克萨斯州取得了巨大成功。2020 年 9 月，无添藏寿司在美国东海岸的新泽西州开了另一家分店，这里与纽约只隔着哈得孙河，由于"在纽约想吃顿寿司要花上 200 多美元（约 2 万日元）"，所以新泽西的分店深受商务人士的欢迎，据说高峰

① 尔湾：美国加利福尼亚州橘郡的一个城市，于 1971 年 12 月 28 日建市，主要居民是中上阶层家庭。

时期要排队 4 个小时才能进店用餐。

截至 2020 年 11 月，无添藏寿司在美国 7 个州共开设了 28 家分店，在中国台湾开设了 31 家分店。

美国的人工成本，5 年上涨了两成

至于我们最关心的价格，无添藏寿司在美国的售价是 2.6~3 美元（约 270~310 日元），在中国台湾的价格是 38 元新台币（约 140 日元），都高于日本的 100 日元。

田中社长对此表示："因为人工成本太高，所以海外的定价不得不高于日本，但我们还是比当地的竞争对手便宜许多。"

"美国人不怎么爱吃鱼，因此鱼很便宜。大米也很便宜。但人工成本和房租相比日本而言，却高得离谱。"

特别是加利福尼亚州，人工成本在五六年间便上涨了约两成。由于负担过重，无添藏寿司甚至在 2017 年把美国法人的总部登记地址转移到了特拉华州。

"如你所知，这 10 年间美国的最低工资差不多涨了三成。"田中社长说道。

事实上，无添藏寿司在美国的分店较少，但因其多次上调售价带来较高的客单价，所以其销售额也获得了大幅提升。

无添藏寿司在中国台湾的月销售额也比日本的高出 200 万~300 万日元。在中国台湾，日式郊外型店铺很受欢迎。2020 年 9 月，无添藏寿司中国台湾的法人成功在中国台湾证券市场上市，首日即大涨 96%。无添藏寿司连锁店计划利用筹得的资金加速扩张，预计到 2030 年，其海外店铺将达到 400 家，销售额将达到 1500 亿日元。届时日本的店铺数将达到 600 家，销售额将达到 1500 亿日元。

无添藏寿司某家台湾分店的景象。据悉，三文鱼在中国台湾很受欢迎。

无添藏寿司的田中社长于 1977 年创业，首先在大阪府①堺市创立了一家外卖寿司店，继而在 1984 年打出"100 日元真寿司"的宣传口号，开始经营回转寿司。谈及为何一直坚持 100 日元时，他不假思索地说道："因为这几十年来，日本一直处于通货紧缩的状态。"

他同时还表示："随着经济的全球化，企业能够采购到低廉的进口产品，这导致市场上的产品销售价格有所下降。我想这可

① 大阪府：大阪市上一级的行政单位，包括大阪市及其他几十个市级行政区。

能是全球化过程中消极的一面。"

　　那么，回转寿司会不会有一天不再是 100 日元呢?

　　对此，田中社长说:"如果物价整体上涨，回转寿司自然也会跟着上涨。"随后他强调:"但在后疫情时代，消费者只会对价格越来越敏感。假如医疗费用上涨，贫富差距也会随之拉大。今后迎来的恐怕不是涨价时代，而是降价时代。"

　　"提价很容易，但是要在不降低品质的前提下下调价格却困难得多。"田中社长一直关注日本的通货紧缩情况，其发言极具说服力。

4

泡沫世代^①的黄昏

　　《廉价日本》在《日本经济新闻》连载期间，我们收到了读者对"日本的廉价"的大量留言：

　　"大概只有在日本能用一个硬币^②（500日元）吃到令人满意的午餐了。"

　　"以前去亚洲其他地方旅游时，我都觉得当地的物价便宜得惊人，但现在反而是日本的更便宜，所以中国、泰国的中产阶级都跑来日本旅游。我感觉我们在这20年里被他们反超了。"

　　"现在的电视节目里，全国各地都在连声称赞'性价比真高''这么便宜'，但我认为还是摆脱'便宜即是好'的想法为好，因为这意味着我们在贱卖自己的劳动成果。"

　　此外，在海外生活过的人们，似乎特别能够体会到"日本

① 泡沫世代：指出生于1965—1969年，就职于日本泡沫经济时期的一代人。

② 日本的硬币有1日元、5日元、10日元、50日元、100日元、500日元6种面值。

的廉价"。

一名 60 岁的男性公司职员说："30 年前我曾被外派到美国波士顿，当时觉得外出用餐特别便宜。妻子和朋友们出去吃饭时，甚至都不看价格直接刷信用卡付款。但现在反过来了，我们去美国旅游时，在外面用餐的时候总是过于在意昂贵的价格，以至于无法把精力集中到美食上。"

一名 40 多岁的家庭主妇说："我带着孩子生活在欧洲，那里的幼儿园费用和雇用保姆的费用每年都在上涨，让人难以承受。但时隔数年回到日本，我发现幼儿园和保姆的费用居然还是跟以前一样，真是令人吃惊。"

从"爆买"看购买力的变迁

其中最令我印象深刻的留言，来自一位在泡沫经济时期曾是公司普通职员的女性（52 岁）。据她所说，她以前为了购物，会利用双休日飞去中国香港做短途旅行，年底则飞往巴黎、夏威夷，而且住的是五星级酒店。她还曾到奢侈品牌"路易威登"巴黎总店的门口排队买包，是典型的"泡沫经济时期的日本人"。

如今，她却和女儿一起逛起了 GU①，享受被称为"便宜实惠"的低价搭配。最近，她还在二手物品买卖软件"煤炉"②上，

---

① GU：日本服装品牌，与优衣库同属日本迅销集团。

② 煤炉：类似于中国的二手物品交易平台"闲鱼"。

卖掉了自己年轻时购买的一件"Mademoiselle NONNON"[①]（不不小姐）的毛衣。这当然不是因为生活窘迫，这位女士表示："哪怕只是多卖 100 日元，我也会小小地开心一下。"她认为，相比当年像着了魔似的满世界搜罗名牌的生活，她更喜欢现在这种无须爱慕虚荣的生活方式。

只是，她偶尔会感到悲凉。

"有时路过银座的百货店，看到停在店门口的中国旅游团的巴士，我不禁会想：啊，自己也曾和他们一样。"

现在，出国旅游对她而言成了另一种奢侈，是几年才能体验一次的珍贵享受。

---

① Mademoiselle NONNON：设计师荒牧太郎于 1964 年创立的日本轻奢女装品牌。

5

为何如此廉价

接下来，让我们来看看日本的商品为何会变得如此廉价。

第一生命经济研究所首席经济学家永滨利广先生指出："一言以蔽之，这是因为日本长期处于通货紧缩的状态，企业的成本转嫁机制遭到了破坏。"

也就是说，日本陷入了这样一个恶性循环：企业的产品无法涨价，导致企业无法盈利，进而导致劳动者的薪资无法上涨，这样劳动者的消费需求便无法提升，最终导致物价无法上涨。日本的购买力，正是在这一恶性循环中逐渐被削弱的。

在其他国家无法维持经营的超低价快餐店和理发店，比如"300 日元牛肉盖饭"和"1000 日元剪发"等，之所以能在日本站住脚，便是通货紧缩持续的结果，甚至可以说它们正是通货紧缩造就的商业模式。由于企业无法上调价格，所以即使人手持续短缺，企业也无力通过提高员工的待遇招募新人。"新兴国家全都以日本为反面教材，以避免陷入这样的窘境。"永滨先生说道。

国外的"巨无霸"让人觉得贵的原因

英国经济专刊《经济学人》[1] 每年发表的"巨无霸指数"，可以作为日本物价与海外物价的比较标准。

这一指数的理论基础是：假设美国麦当劳的汉堡"巨无霸"在全球以同样的品质销售，那么通过其价格的差异便可比较各国的购买力，看出各国的汇率水平。理论上讲，同样品质的商品无论在何处销售，其价格都应该一致。但实际上，商品的价格取决于各国的原材料价格、员工的薪资等多重因素，因此同一商品在每个国家的售价便会有所不同。按照这一理论，通过比较麦当劳的汉堡价格，便可以看出一个国家的综合购买力。

根据《经济学人》的统计，截至 2021 年 1 月，在日本售价为 390 日元的巨无霸，在美国的售价是 5.66 美元。如果"在全球任何地方，同一商品的价格均相同"的假设成立，那么 1 美元应该兑 68.90 日元。

然而在实际的外汇市场上，美元兑日元的汇率一直徘徊在 104 日元左右，日元被低估了约 34%。

换言之，以日元为主要货币的人会觉得以美元出售的"巨无霸"比较贵。

不过，日本的迪士尼乐园、大创等服务与商品的实际价格，与海外的价格差有的甚至超过了 2 倍，远超货币被低估的各类推算结果，因此其中应该还有仅用汇率无法解释的因素。

---

① 《经济学人》：创办于英国的国际性时政杂志。

英国《经济学人》公布的"巨无霸指数"

		美国售价 （美元）	日本售价 （日元）	基于此价差的 汇率	实际的 名义汇率	日元的 评估
巨无霸 指数	2021 年	5.66	390	1美元 = 68.9日元	1美元 = 104.3日元	过低评估 33.9%
	2015 年	4.79	370	1美元 = 77.24日元	1美元 = 117.77日元	过低评估 34.4%
	2010 年	3.58	320	1美元 = 89.39日元	1美元 = 91.54日元	过低评估 2.3%
	2000 年	2.51	294	1美元 = 117.13日元	1美元 = 106日元	过高评估 10.5%

（注）表中2000年的数据为4月份，其他数据为当年1月份。

第一生命经济研究所的永滨先生强调："目前日本与海外的价格差异情况，无法用汇率来解释。"

他还表示："长期的通货紧缩带来的物价停滞，以及增长衰退带来的国民收入的持续低迷，导致日本的相对购买力下降，个别商品和服务的价格之低，即使从全球范围来看也是十分突出的。"

简而言之，当前企业的员工薪资上涨缓慢，劳动者的消费欲望得不到提升，导致物价持续低迷，经济亦无力复苏，继而影响员工的工资上涨。正是这样的"恶性循环"致使日本的购买力持续下降。

仅用汇率无法解释的长期通货紧缩

一说到"日本的商品和服务比海外便宜",许多人可能会认为其"主要原因是汇率"。但研究通货膨胀目标制的美国哥伦比亚大学的伊藤隆敏教授却指出:"主张汇率是主要原因的想法,纯粹是被误导了。"日本的物价相比海外是高还是低,主要取决于国内物价、海外物价以及名义汇率[①]之间的差异。

在此,我想介绍一下伊藤教授的理论。

假设国内物价与海外物价分别上涨 2%,但国内价格却比海外更便宜,这可以归咎于"日元贬值"。然而实际的情况是,日元对美元的汇率,无论是 2000 年 2 月底还是 20 年后的 2020 年 2 月底,差不多都是 1 美元兑 110 日元[②]。

在这 20 年间,日本的物价几乎没有变化,平均通货膨胀率为零。另外,美国的物价则几乎以每年 2% 的速度在上升。据悉,美国 2020 年的物价水平,相比 2000 年上涨了近五成。

因此,当日本人时隔 20 年再去美国时,自然会感觉"物价贵了五成"。反之,当美国人时隔 20 年再来日本时,则会感觉比过去便宜了许多。这也是近几年入境游客大增的原因。对此本书将在第 4 章进行说明。

所以,造成"日本购买力"下降的原因并不是汇率贬值(日元贬值),而是这 20 年的通货紧缩[③]。

---

① 名义汇率:又称"市场汇率",指未经物价指数调整计算的汇率。

② 2021 年 1 月是 103 日元左右。

③ 若仅比较 2010 年与 2020 年,则是受日元贬值的影响。

归根结底，"日本的购买力"之所以不断下降，是因为日本消费者对通货膨胀有抵触心理，以至于企业只要稍微涨价，他们的产品便卖不出去。究其原因，是消费者的收入没有得到提高。

在美国，尽管物价每年都上涨 2%，但劳动者的薪资每年也会同步上涨 3%。

有一个经济指标叫作"实际有效汇率"，它涵盖了国内物价、海外物价、名义汇率的变动，可用于比较日本与美国以及主要贸易伙伴之间的购买力，能够最为准确地反映出日元作为一种货币的购买力。

纵观日元的实际有效汇率，其在 2020 年 11 月的数值不到 1995 年 4 月汇率峰值的一半，相比 20 年前（2000 年 11 月）下降了 40%。仅看这一项，我们就可以断言，在这 25 年间日本的购买力下降了五成，即使与 20 年前相比，日本的购买力也下降了 40%。

伊藤教授这样总结道："日本购买力的下降，也可称之为没落。"

日本的购买力不到美国的七成

这里所说的"购买力"，是指能够购买到各类商品、服务的能力。

从全球来看，国家购买力表示该国的单位货币可购买到的商品数量，个人的购买力则可以用实际薪资水平来衡量。在新兴国家，随着经济的高速增长，就业率和薪酬水平不断提升，中等收入群体不断增加。这些国家的个人消费支出旺盛,个人购买力不断攀升。

有一个与购买力相关的经济指标叫作"购买力平价",它是一个基于"一价定律法则",即"同一商品的价格在全球任何地方应皆相同",而计算出的经济指标。它可以像"巨无霸指数"那样以汉堡等商品的价格计算出来,或者也可以使用消费者物价等指数来表示。倘若某种商品在日本卖120日元,在美国卖1美元,只要1美元等于120日元,则购买力平价理论就成立。

简单来说,购买力平价是指以汇率的形式,表示各国货币在考虑物价水平后的实际购买力。根据经济合作与发展组织的数据,美元兑日元的购买力平价在2019年为1美元等于100.64日元。

在进行各国的购买力比较时,也会使用根据购买力平价计算出的人均国内生产总值(GDP),来表示该国的生活水平。

根据世界银行的数据,1990年日本的人均GDP约为1.96万美元(约278万日元),略低于约2.39万美元(约339万日元)的美国。然而到了2019年,日本的人均GDP约为4.32万美元,远远落后于美国约6.53万美元(约709万日元)的数值①。日本在这近30年间仅增长到了1990年的2.2倍,而美国却增长到了1990年的2.7倍,而泰国更是增长到了1990年的4.5倍,发展速度惊人。

---

① 按1990年12月31日和2019年12月31日当日最高汇率与最低汇率的平均值计算。

日、美等国购买力的差距在逐渐拉大

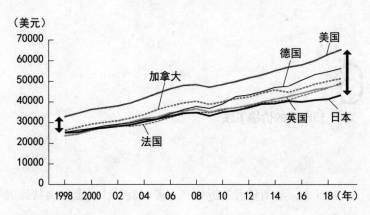

（美元）

（来源）世界银行。
（注）按购买力平价计算出的 GDP。

　　如果日本也像美国那样，个人收入得到大幅度的提升，即使迪士尼乐园的门票上涨，日本人也不会觉得难以承受。

　　大创在泰国的价格策略之所以能够成立，也是出于同样的原因。假如泰国人的收入依旧很低，那么高于 200 日元的杂货是卖不出去的。但在过去的 20 年间，泰国人的收入得到了大幅度提升，在泰国愿意花 210 日元购买大创商品的中产阶级消费市场正在迅速扩大。

6

超市里的价格下跌

在日本，与消费者亲近的"下游厂商"，也面临着持续的通货紧缩。

"日经POS情报"统计了日本全国大约400家超市的销售数据，我利用该数据调查了自2000年以来，食品及日用品共1780个品种（并非单个商品，而是按黄油等大类划分）的平均销售价格（不含税）的变化。POS是"Point Of Sales"（销售时点信息管理）的缩写，是店铺通过销售商品时读取的条形码，用来管理销售信息的系统。零售店可利用该系统积累的数据，进行销售管理及销售预测。

通过对比1780个品种在2019年与2000年的售价，我发现价格下跌的品种有903个，占比近一半。

价格下跌的品种中，最为明显的是饮料、日用品等容易成为特卖主打产品的品种。

比如，咖喱罐头2019年的价格与2000年相比下跌了75%，为113日元；气泡性酒精饮料价格下跌了74%，为107日元；洗衣机槽清洗剂下跌了52%，为206日元。瓶装果汁碳酸饮料下跌了约40%，为90日元；速溶红茶饮料下跌了37%，为254日元；盒装纸巾下跌了14%，为236日元。此外，腌制蔬菜、杯装即食鸡蛋汤等品种也下跌了逾10%。

当然，其中也有随着家庭规模的缩小，产品因此小容量化所导致的价格下调，但近一半的品种价格下跌的趋势仍不容忽视。不仅如此，甚至在过去20年间市场急速扩大的宠物食品的相关产品中，也有下跌比例达到60%~90%的品种。由此可见，日本各类商品的价格竞争十分激烈。

此外，我还调查了自2001年至2019年，各年度同比的价格走势。

价格竞争导致价格反复上下波动——日经 POS 走势

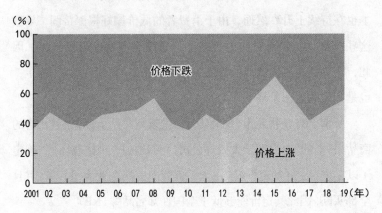

（注）根据日经 POS 情报，我比较了约 1780 个品种当年的店面价格（不含税）与其上一年的价格，并比较了涨价商品的占比与降价商品的占比。

结果发现，在最近几年中，2014 年与上一年度相比，由于消费税从 5% 提高到了 8%，价格上涨的品种多于价格下跌的品种。2015 年因原材料价格大涨，价格上涨的品种占了七成。不过，到了 2017 年形势发生了逆转。虽然 2019 年价格上涨的比例又超过了价格下跌的比例，但从长期来看，降价品种多于涨价品种的年份更多。

过去，超市都会在周末等假期，通过大幅度打折的"特卖"来提高销售额。但由于人手不足等原因，这一惯例正在逐渐消失，取而代之的是经常性的、打折力度较小的"每日特价"。因为每日特价不仅能降低传单制作等促销费用，也便于超市进行成本管控。

如今，零售商因与电子商务的竞争加剧而苦不堪言。

相比网络销售，门店经营需要更多的人工成本，而且物流成本也在持续上升。然而，由于消费者的低价偏好根深蒂固，导致这些成本无法转嫁到店面价格上，只能靠零售商自己承担。因此，零售商在店内增加价格低廉、毛利率高的自有品牌（PB），也是商品的店面价格下降的原因之一。

所谓 PB，是指超市、便利店等自主策划并贴上自有品牌出售的商品。日本的 PB 发源于大荣等公司，它们通过"价格破坏"① 确定了以零售为主导的定价权。由于零售商向生产企业大量订货，并且全部买断，因此其定价能够低于全国性知名品牌（NB）。

① 价格破坏：一般指在可获利的前提下以较低价格售出商品，建立一个"低成本经营体系"。

不过，在价格普遍下跌的时期，总务省①发布的消费者物价指数（不含生鲜食品）反而上升了几个百分点。这是因为消费者物价指数仅仅反映了部分特价商品和 PB 的数据。而日经 POS 却涵盖了所有特价商品和 PB 商品的数据，反映出了更接近消费者实际情况的价格水平。

为何《纽约时报》会报道日本的冰棍儿广告

日本零售商的店面价格之所以持续下降，归根结底是因为消费者根深蒂固的低价偏好。因此，日本企业对待涨价极为谨慎。

在此，我想介绍一则电视广告。

画面上，100 多人整齐地站在一座类似工厂的建筑前，其中有穿着西服的中老年人，也有身穿红色和蓝色工装的年轻人，他们均面朝前方，表情严肃。

背景音乐是 20 世纪 70 年代初期民谣歌手高田渡的《涨价》。随着最后一句歌词"下定决心涨价"响起，所有人一齐低下了头，紧接着字幕上打出：

"咬牙坚持了 25 年，60 → 70。"

随后出现的，便是赤城乳业的冰棍儿"脆脆君"。

这是 2016 年"脆脆君"时隔 25 年宣布价格上涨 10 日元时的广告。广告营造出了一种事态严重的氛围，乍一看会以为这是一则谢罪广告。

---

① 总务省：日本的行政机关之一。负责管理、运营行政基本制度，受理与地方自治有关的业务，以及电波、通信、广播、邮政事业等事务。

这则广告的纯朴风格，让"脆脆君"在网络上大受好评。据悉，在涨价之初，由于广告效应，销量反而增长了近一成。

令人惊讶的是，美国著名报纸《纽约时报》用了整版的篇幅，报道了该广告及其反响。该报道以惊讶的语气，介绍了日本因经济不景气，物价不曾上涨，所以企业的涨价行为"会成为重要的新闻"这一现象。虽然当时的日本政府在力推安倍经济学①，但从这种类似谢罪的广告中可以看出，商品价格上涨的动力并非来自充满活力的经济与强劲的消费活动。而美国将此事报道得如同奇闻逸事，由此可以窥见日本与海外之间的认知差异。

"涨价之春"的背后

不仅仅赤城乳业对涨价慎之又慎。事实上，每当制造商计划上调食品和日用品的价格时，其与零售商之间就会展开激烈的拉锯战。

2015 年 2 月，由于原材料价格持续上涨，许多品类的制造商宣布调整价格。

这一时期被称为"涨价之春"，当时我负责对食品领域的企业进行采访的工作，因此采访了某大企业召开的新品发布会。这场发布会邀请了约 400 个主要从事零售、批发等业务的客户。

在发布会上，主持会议的大企业高层亲自登台，针对从 4 月

① 安倍经济学：指日本已故前首相安倍晋三在 2012 年年底第二次上台后实施的一系列经济刺激政策，包括宽松的货币政策、加大财政支出以及结构性改革。

份开始提高出厂价的事宜进行了说明。他们准备把主要产品的出厂价上调几十日元。

社长亲自登台，以极为严肃的神态说道："我们一直以来都在竭力削减成本，但这次成本的上涨已经超出了企业可以控制的范围，恳请各位能予以理解。"

然而，零售商却不肯松口："情况我们都理解，但消费税刚提高不久，我们也面临很大的引流压力，能不能再缓一缓？""无论如何都要提高销售价格的话，那我们只好增加毛利率高的 PB 产品了。"

对于制造商来说，如果因为产品涨价而导致销量下降，就意味着涨价失败。

也有制造商负责人近乎乞求地向零售商表示："提高出厂价后，我们会稍微增加一些促销费用，所以拜托千万不要把我们的产品挪到其他位置。"

2015 年，乳制品、食用油等种类繁多的商品都上调了店面价格，这样的洽谈到处都在进行。

当时，可果美①公司也在自 1990 年 7 月以来，时隔 25 年首次上调了主打产品番茄酱的价格。

涨价的原因是，在全球范围内，以新兴国家为主的部分国家对番茄酱的需求剧增，导致番茄价格飞涨。作为番茄酱的加

---

① 可果美：日本食品行业巨头。

工原料——番茄泥的价格自 2012 年至 2014 年上涨了逾四成。当时，我曾向相关人士了解他们的真实想法，对方表情苦涩地表示："我们难以承担更多的成本了，不知道消费者是否能够理解……"这段对话至今仍令我印象深刻。他还透露，由于这是时隔 25 年的首次提价，"公司内部负责番茄酱涨价谈判的营业员很少，这也让我们感到不安"。

咖喱巨头 A 公司，也曾因油脂、面粉等原材料价格暴涨而下定决心涨价。在上一次（2007~2008 年）各大制造商提高出厂价格时，唯独他们的竞争对手 B 公司没有提价，而是采取缩小产品容量进行"实质涨价"的策略。A 公司对此表示：最终他们的"货架被 B 公司抢走了"。因此，各公司都在尽量拖延公布涨价的时间，咬紧牙关苦苦思索应对策略。

上调多少，何时公布？

对于企业而言，涨价信息直接关系到经营战略，属于最高机密，公布前必须和零售商沟通。我至今还记得，当时的采访进行得特别艰难。

其实，在此之前也曾出现过多次"涨价之春"。这里所说的"涨价"仅限于制造商表示要提高出厂价，但正如我们之前所看到的日经 POS 数据，真正的涨价最后往往并没有反映到销售价格上。

我在新闻报道检索数据库"日经 TELECOM"中搜索"涨价之春"后发现，2000 年之后以"涨价之春"为题的报道出现在以下年份中（列出的年份右侧为对应涨价的商品）。从 2013 年开始，几乎每一年，制造商都会向零售商提出涨价，但最终都流于表面，食品等消费类产品的涨价反映到销售价格上的并不多见，因此民众并没有实际感受到价格上涨了。

● 2008 年　牛奶、酱油、啤酒等

● 2013 年　卫生纸、购物袋等

● 2014 年　牛肉盖饭等

● 2015 年　牛奶、速溶咖啡、番茄酱、食用油、威士忌、冰激凌等

● 2016 年　即食汤等，部分价格反而有所下降

● 2017 年　打印纸、汽车轮胎等

● 2018 年　纳豆、啤酒等

● 2019 年　冰激凌、大瓶饮料、冷冻食品等

2015 年，由于日元贬值导致原材料价格飞涨，日本出现了大范围的涨价潮。而在 2019 年，则由于人手不足导致物流费用大涨，出现了继 2015 年后的大规模涨价潮。

那么，究竟有多少产品，令民众实际感受到"确实贵了"呢？

收益改善与顾客流失的双刃剑

自 20 世纪 90 年代开始持续通货紧缩后，制造商和零售商都担心消费者会捂紧钱包，所以一直不敢涨价。精通物价的东京大

学渡边努教授指出："从雷曼危机①爆发的 2008 年起，进口原材料的价格开始上涨，国内企业越来越倾向于缩小容量以保持价格不变，进行实质性的涨价。"

这就是所谓的"隐形涨价"。

根据渡边教授的调查，在 2008 年实际上大约有 1500 个品种出现了隐形涨价。

2012 年年底开始，日本政府实施安倍经济学政策，日元贬值，导致海外进口的谷物、小麦等原材料成本上涨，那时也曾出现过隐形涨价这一现象。在安倍经济学实施初期，因为对该政策的期待颇高，许多企业决定直接涨价。其中，最具代表性的便是餐饮巨头鸟贵族，以及运营优衣库的迅销公司。

不过，这两家公司当时的涨价行为都导致了顾客流失的后果。

鸟贵族在 2017 年提价约 6% 后，消费者逐渐减少，导致其业绩陷入低迷。而迅销公司亦在原材料价格上涨和日元急剧贬值后，以柳井正会长兼社长提出的"保持品质"为由，将优衣库 2014 年秋冬新品的价格上调了 5% 左右，在 2015 年优衣库也将部分产品的价格平均上调了 10%。但当涨价行为导致既有店铺客流量低于上一年度时，该公司便迅速重新调整了价格政策。

当然也有涨价成功的案例，比如 QB Net 公司控股的专业美

① 雷曼危机：指发生在 2008 年的全球性金融危机，因美国第四大投资银行雷曼兄弟宣布申请破产保护所引发而得名。

发店 QB House[1]。

据悉，该公司于 2019 年将剪发费用从 1080 日元（含税）提高到了 1200 日元，但没有出现预想中的顾客流失。这可能是因为这类商业模式中竞争对手和替代店铺较少的缘故。

另外，食品零售、餐饮等竞争激烈的行业，难以将附加价值转化成顾客愿意承担的涨价，于是涨价成了改善收益与顾客流失并存的双刃剑。以廉价著称的某日用品连锁店的核心人物对此评价道："迅销公司和鸟贵族的涨价失败，让众多企业心有余悸。"

东京大学的渡边教授在调查隐形涨价时，曾经实地走访过许多企业，以探寻他们在进行商品小型化时的真实感想。

在一家受某便利店巨头委托开发、生产饭团的副食品工厂，负责人详细地向渡边教授说明了他们如何将饭团小型化以降低成本，以及为此而进行的设备投资、包装纸改良等情况。

让渡边教授难以忘却的是，该负责人最后嘟囔道："我们这些技术研发人员，在正常的工作结束后，加着班不断摸索制作小饭团的方法，可是消费者却一点也不高兴，他们在社交平台上留言说'偷偷地做小了'。"

渡边教授当时想："企业和劳动者都在做着不讨好的事情，真是可悲的日本。"

---

① QB House：由日本企业 QB Net 公司（总部位于东京都中央区筑地）运营的 10 分钟理发店。

7

读者心目中的廉价日本

在物价上涨如此困难的日本，消费者对低价的偏好有多么强烈呢？在本报道连载期间，我也曾通过社交网站等网络媒体了解过读者的反应，后来我决定再次通过专门的问卷调查，了解人们的具体意见。

本次问卷调查，是在位于东京新宿的市场调查公司洞察技术的协助下，于2021年1月在互联网上进行的，共收到了全国6748名消费者的回答。从年龄层来看，回答者中占比最多的是30多岁的人（35%），其次是40多岁的人（27%）。从职业来看，公司职员占38%，全职主夫或主妇占23%，兼职者或打零工的人占17%。从家庭年收入来看，300万~400万日元（14%）的人数最多，年收入200万~600万日元的回答者占整体的52%。

认为星巴克的拿铁"贵"的受访者占六成

在该问卷调查中，我们就麦当劳的汉堡、苹果的手机等19种方便与海外比较的日常商品和服务的含税价格，分别让受访者回答觉得"贵"还是"便宜"。

结果显示，针对其中 16 个品类（约占八成多），回答"贵"的受访者人数多于回答"便宜"的受访者。

其中，回答"贵"的人数最多的商品是东京迪士尼乐园的门票，约占八成。

神奈川县的一位 30 多岁的女子抱怨说："里面吃的东西也很贵，无法经常去玩。"爱媛县的一位 30 多岁的女子也表示："我想带孩子去玩，但太贵了，去不起。"福冈县的一位 50 多岁的女性公务员吐露了自己复杂的心情："因为北九州市的太空世界（2017 年年底）被迫歇业，我作为当地人觉得很不好受，所以很想支持主题公园，但迪士尼乐园的门票实在太贵了。"

对于日本亚马逊（位于东京目黑区）推出的可享受免费视频、免费音乐以及免配送费服务的"Prime 会员（优质会员）"，有 42% 的受访者认为其年费 4900 日元"贵"，而回答"便宜"的受访者仅为 22%。Prime 会员是一款人气颇高的定额制服务[1]，爱知县的一位 30 多岁的男子表示："加入会员后，有一些服务根本用不到，还不如直接购买单个服务来得便宜。"

对于日本星巴克出品的星巴克拿铁（中杯、店内饮用，约 420 日元），56% 的受访者回答"觉得贵"，仅有 5% 的受访者回答"便宜"。

我采访过一位在东京都的星巴克点了一杯拿铁的 30 多岁的

---

① 定额制服务：每月或每年支付固定的费用即可多次使用的服务，类似于我国的京东 PLUS 会员等收费会员服务。

日本有很多东西让人觉得"贵" ——消费者调查①

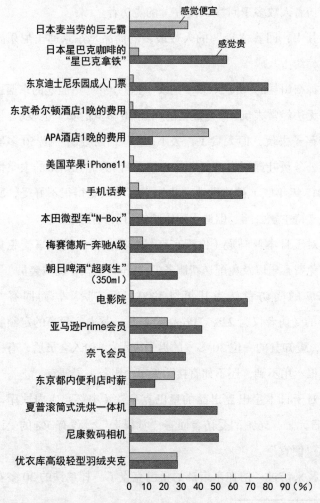

（来源）与洞察技术于2021年1月联合开展的问卷调查。

（注）上图为部分摘录。

女子，她苦笑着说："和便利店 100 日元的咖啡相比，我总是觉得星巴克'有点小贵'。"但该女子同时表示，当自己想在店里安静悠闲地消磨时光或者工作的时候，就会来星巴克。她说："但每天都来星巴克的话，开销太大了，所以我经常去便宜点的连锁咖啡店。来星巴克有点像给自己的小小奖励。"

然而，假如在全球范围内比较迪士尼乐园门票、亚马逊 Prime 会员和星巴克拿铁这 3 种商品，多数情况下日本的价格都相对更便宜。本书前面已经论述过迪士尼乐园的情况。关于星巴克拿铁，新加坡的价格约为 470 日元，比日本更贵。而关于亚马逊的 Prime 会员，本书将在第 2 章进行详细论述。

从这次问卷调查的结果中，我们可以清晰地看到日本消费者强烈追求低价的意愿。

此外，关于电影院（成人单人票 1900 日元），回答"贵"的人数比例高达 68%，仅次于迪士尼乐园，回答"便宜"的人数比例仅为 2%。

关于电影票价，据说在美国等国家多为 1000~1400 日元，相较而言，日本电影院的定价确实比较贵。

在印度，甚至连观众席可移动、散发着香味、吹着空调微风的体感型影院"4DX"① 的票价都低至 390 卢比（约 650 日元）。但在日本，由于设备投资和人工费用等成本高涨，自 2019 年 6 月以来，众多大型电影院的价格上调了 100 日元，达到了 1900

---

① 4DX 或 4D 影院：观影时能模拟刮风、下雨、雷电、气味、喷雾、泡泡等特效。

日元。

据一般社团法人日本电影制作者联盟透露，2020年日本电影票的人均价格达到了1350日元，比2009年（1217日元）高出133日元，为历史最高水平。

另外，回答法国奢侈品牌爱马仕的琳迪包（约120万日元）、尼康的数码相机（约14万日元）"便宜"的受访者占比不到1%。

63%的受访者认为，畅饮套餐2980日元比较合理

该问卷调查中，我还询问了人们认为的日常商品及服务的"合理价格"是多少。

对于普通牛肉盖饭的合理价格，回答"400日元"和"350日元"的比例较高，分别为54%和45%，与目前的实际价格390日元接近。对于拉面的合理价格，回答"790日元"和"900日元"的比例分别为59%和39%。但在东京都的拉面店，价格超过1000日元的拉面比比皆是，这表明人们认为拉面的价格应该更低些才合理。对于东京迪士尼乐园的成人日票的合理价格，87%的受访者回答2020年涨价前的水平"7500日元"是合理的，认为"9000日元"合理的受访者所占比例仅为12%。而居酒屋连锁店的畅饮套餐，认为"2980日元"合理的受访者最多，有63%，不过也有37%的受访者认为"5000日元"比较合理。

对于东京都的商务酒店每晚房费的回答，则出现了两极分化。96%的受访者回答"1万日元"是合理的，认为"3万日元"合理的受访者比例仅为3%。

消费者的低价意向根深蒂固——消费者调查②

关于"你觉得合理的金额是多少？"的回答

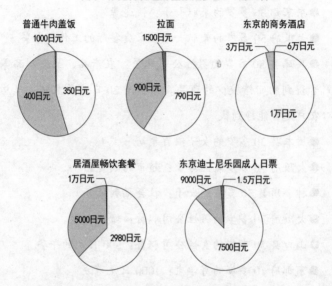

（来源）与洞察技术于 2021 年 1 月联合开展的问卷调查。

　　在该问卷的自由回答问题中，我们还询问了消费者觉得哪些商品和服务太便宜了，即"价格可以再贵点的品种"。这些其实就是读者心目中廉价日本的体现。回答者均给出了多个答案，其中比较具有代表性的有：

●神奈川县 30 多岁的家庭主妇：对健康有害的香烟和酒水
●岐阜县 10 多岁的少女：普通牛肉盖饭

●埼玉县 40 多岁的打零工的男性：传统工艺品

●东京都 20 多岁的男学生：居酒屋的畅饮套餐

●广岛县 20 多岁的女学生：豆腐、魔芋等手工食品

●东京都 30 多岁的兼职女子：快递费

●大阪府 50 多岁的兼职女子：家庭餐厅的工作日午餐

●兵库县 50 多岁的男性公司职员：农产品、奶酪制品等，生产者得到的回馈较少的商品。尤其是 20 日元的豆芽，我总是担心农户是否能挣到钱

●栃木县 30 多岁的女子：百元店

●大阪府 70 多岁无业男子：超市的副食品

●神奈川县 50 多岁的女子：社会福利服务

●大阪府 30 多岁的男性公司职员：罐装咖啡

●山口县 30 多岁的女性公司职员：500 日元的午餐

●京都府 10 多岁的男学生：1000 日元剪发

以上都是与民众生活密切相关的商品与服务，相信很多人也对这些商品与服务的偏低价格深有同感。

此外，大约有 2000 名受访者回答了薪资、时薪等与收入有关的问题。

事实上，在 2020 年 3 月新冠肺炎疫情暴发初期，我也曾对相同项目进行过调查。当时，回答与薪资有关的问题的人数比例约为 22%。但此次，这一比例上升到了约 30%，这表示人们对收入的关注度提高了不少。由此也可推测，因为新冠肺炎疫情暴

发导致经济活动受限后，不少人的收入都受到了影响。

人们也因此不再仅限于考虑自己的收入，同时开始关心起其他行业从业人员的收入。

●便利店的时薪

千叶县20多岁的女性公司职员：便利店现在算是基础设施，同几年前相比，不仅增加了代收快递、代缴公共费用等服务，所涉及的业务面也越来越广泛，而且提供的支付手段更是五花八门，店员要牢记这些东西着实不容易。可是他们的时薪却只按最低工资支付，实在是太不公平了。

●护理员、保育员

40多岁的兼职女子：这些工作明明是肩负民众生命的苦差事，但工资却低得离谱；

30多岁的女性公司职员：如果没有保育员，几乎没有哪个家庭能够实现夫妻同时上班；

50多岁的女性公司职员：再这么下去会没人愿意从事这些工作的。

●外籍劳动者

40多岁的男性公司职员：如果他们的待遇真的都像报道中说的那样差，外国人迟早不会再来日本工作的。

其中，人们对在新冠肺炎疫情中暴露出的医疗从业人员报酬偏低的质疑声最多。在此次调查中，来自受访者对于"护士等医疗从业人员的工资"的意见，明显高于上次调查。

爱知县 40 多岁的女性公司职员说："如果提高医疗费，我希望能补贴给工作繁重的医疗从业人员。"

山梨县 50 多岁的男性公司职员也说："如果没有基础行业的劳动者，社会就无法正常运转。应该以良好的待遇来回报他们。"

还有很多受访者对无报酬的免费服务提出了质疑。比如宫城县 30 多岁的女子提到了"建筑相关的免费咨询"，更多人提及了超市和便利店免费提供的一次性筷子、手帕等。

还有受访者认为，餐厅周到的待客服务也应得到相应的报酬，一位 50 多岁的无业女子说："想要得到特别满意的服务，我们就应该支付与其价值相符的价钱。"在日本颇有意思的是，一提到"服务"就会让人联想到免费。

"便宜"真的是件好事吗

此外，也有人认为现在"贵"的商品、服务还有一定的涨价余地。比如，关于东京迪士尼乐园的门票，东京都 40 多岁的男性公司职员说："听说很多演职人员都是兼职的，希望他们能满怀服务精神地接待游客，如果是为了提高他们的工资、增加雇佣费用而涨价，我很乐意接受。"埼玉县 60 多岁的男性公司职员也说："如果能让入园游客减少一半，我愿意出双倍的票价。"

自 20 世纪 90 年代初期泡沫经济破灭后，日本便处于长期的通货紧缩中。

此次问卷调查的结果显示，28% 的受访者认为通货紧缩与目前低廉的物价"值得欢迎"，回答"觉得不好"的受访者仅占15%，而回答"都不觉得"的受访者最多，为 58%。

同样值得注意的是，回答"值得欢迎"的受访者中，理由是"因为工资低"的受访者占了绝大多数，其次是"因为新冠肺炎疫情导致收入减少了"。

新冠肺炎疫情中，欢迎低物价的声音略有增加
——消费者调查③

对于"你如何看待通货紧缩和低廉的物价"的回答

2020年3月

觉得不好　觉得值得欢迎
17.44%　25.06%
57.50%
都不觉得

2021年1月

觉得不好　觉得值得欢迎
14.52%　27.58%
57.90%
都不觉得

（来源）与洞察技术联合开展的问卷调查。

埼玉县 20 多岁的女性公司职员回答"觉得不好"，她表示："物价低对自己来说是好事，但廉价也会引发不好的一面。比如一去景点，就有许多外国游客，现场拥挤不堪，让人觉得不方便。"

此外，京都府的一位 20 多岁的女子十分坦率地写道："我

认为日本很了不起，即使降低价格也能保持一定水平的服务和品质。但在背后默默付出的人们，却没有得到应有的回报。我觉得这样很不好，但是又多亏了这么低廉的物价，我才能靠微薄的收入维持生活。因此，老实说我真的很难大声说出'不好'这两个字。"

这位女士考虑到生产者的收益，觉得应该设置更为合理的价格，但考虑到自己的收入水平，一旦物价上涨自己便会陷入困境，这也是真心话。对此，想必很多日本人都会表示赞同。

在人手持续短缺、新冠肺炎疫情导致经济活动受限的情况下，未来的企业可能难以维持以往的服务水平。因此，一方面，企业需要重新设定消费者易于接受的价格；另一方面，消费者也需要重新思考，尝试接受与价值相匹配的价格。

8
访谈许斐润

"长此以往，日本今后将无力改变。"

许斐润　野村证券金融经济研究所所长
1985 年毕业于早稻田大学政治经济学部，曾就职于野村综合研究所企业调查部并派驻德国，2019 年开始任现职，兼任日本证券分析师协会副会长。

日本企业对产品的定价低、用金额衡量时的低生产率和产品的低利润率，均源自相同的原因。按理说，日本企业应该进一步提高产品的价格，但是企业的涨价既缺乏支撑基础，又得不到消费者的谅解。不仅如此，日本企业甚至把"廉价销售"奉为哲学。倘若这种精神继续泛滥，日本今后将更无力改变现在的局面。

企业无法涨价的原因主要有两个：

首先，日本对企业解雇员工的管控过于严格，因此企业容易把"确保员工的工资"作为经营的首要目标。为了确保一定的销售净额，企业不惜下调产品的价格。如果日本企业能像美国企业那样，根据经营需求灵活地增减人员，日本就不会演变成现在这个样子。

但是反过来说，如果一家企业的产品不降价便卖不出去，就意味着该企业的产品（按照降价前的价格）并不被社会所需要。也可以这样认为，企业把劳动者束缚在不被社会需要的岗位上，反而是一种罪过，企业应当将员工们解放出来。

按照日本文化的逻辑，"一个开了20年车床的人，是做不了养老院护理工作的"。然而，当社会需要的工作种类发生变化时，劳动者也必须进行自我革命，以满足社会的需求。我认为美国人的思路是："劳动者也需要重新学习，在被需要的地方从事被需要的工作，这样的人才是幸福的。"

在安倍经济学政策实施期间，政府也曾就调整解雇管控进行过讨论，结果虽差强人意，但日本的雇佣环境并未得到改变。不过，也有中小企业在迫不得已的情况下精简人员。我认为，或许通过完善法律制度，包括通过支付赔偿金即可解雇员工等措施，允许企业灵活地增减人员。这样做不仅有助于促进宝贵的经营资源的流动，还能提升劳动者自我钻研的积极性。

其次，便是企业间的同质竞争。

第二次世界大战以后，日本企业一直处在"想要生存唯有打价格战"的境地。

这是因为，日本企业与欧美企业有很大的不同，后者依靠特异化（从事其他人都不做的事情），也就是凭借"独一无二"取胜，而前者并不试图通过品质、性能及领域的独特性进行竞争，更倾向于依靠低价取胜。

这一倾向始于各大财阀试图在集团企业中，发展所有产业部门的贪念。在一个只有1亿人口的国家，各大集团无视市场规模与需求的增长，都集齐了从汽车到电气设备、食品饮料等全部产业，于是引发了过度竞争，导致价格大战反复上演。举例来说，在日本提供同类服务的金融机构，却以在经济上毫无意义的都道府县进行划分[①]。

这种倾向目前依然存在，从最近兴起的各式各样的非现金支付方式中，便可窥见一斑。在日本，凭借附加价值竞争获胜的企业实在太少了。

人们都说这是因为日本人喜好稳定，但在我看来这并非"稳定"而是"固定"。

所谓稳定，是指虽然上下波动，但总体处于同等水平。反观日本人，则是无论发生什么事情，都倾向于把自己束缚在同一个地方。换言之，日本企业在设定成本时是以固定金额为前提的，因此格外重视确保销售额，甚至不惜降价也要保证销路。

---

① 在日本的金融机构中，银行可分为三类：都市银行（瑞穗银行等4家全国性银行），地方银行，以及第二地方银行（由相互银行和信用合作社转为普通银行，主要在地方开展业务）。其中，地方银行几乎存在于每个都道府县，它们在各大、中城市设立总行，业务范围局限于各自的总行所在的都道府县内。这里指提供同类金融服务的银行只将业务局限于行政区域内，受访者认为并无意义。

9

访谈渡边努

"我们需要这样的政策：物价上涨 2%，则薪资上涨 3%。"

渡边努　东京大学教授、经济学部部长

1982 年毕业于东京大学经济学部经济学科，曾就职于日本银行。哈佛大学经济学博士，专攻宏观经济学。

　　纵观日本的物价历史，战后才出现了由各类品种的价格计算出的消费者物价指数。虽然战前的大米价格可以查询到，但并非全球通用的数据，因此难以与海外大米的价格做比较。在 20 世纪 60 年代，日本处于战后后期，因此物价低于其他国家和地区，经济水平相当于一个发展中国家。直到 70 年代，日本的物价才以石油危机等国际变化为契机开始暴涨。到了 80 年代，世界上开始流传"东京的酒店贵"，从而有了日本国内的物价高于国际价格的说法。

日本的通货膨胀率一直低迷

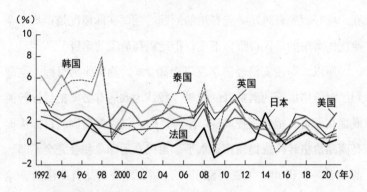

（来源）国际货币基金组织（IMF）。
（注）消费者物价指数年均值变化率。2019 年后为估算。

　　然而，在泡沫经济破灭后不久，大概从 1995 年开始，很多企业便不再调整价格。在当时消费者物价指数的数据中，上涨率为"0%"的品类最多，这意味着商品的价格几乎与上一年度持平。但在同一时期，美国商品中价格上涨 2%~3% 的品种是最多的。也就是说，在海外企业依然认为涨价理所当然的时候，日本企业已经开始形成集体认同，认为不涨价是正常的。

　　这种情况在当时完全可以理解，因为泡沫破灭导致经济不景气，倘若企业把原材料成本和人工成本转嫁到价格上，消费者一定会敬而远之。因此，在当时保持价格不变是企业的策略。但问题是，在进入 21 世纪经济逐渐好转后，这种惯例依然没有消失，以至于形成了一种日本式的通货紧缩，即不降价，让价格"保持不变"。对于企业而言，在业绩好转后，也曾出现过给劳动者加薪的大好时机，但他们考虑到如果人工成本提高的话，商品的价格也不得不跟着提高，于是作罢。薪资和物价哪个先上涨，就好似先有鸡还是先有蛋的问题。然而实际情况是，日本企业优先考虑的是保持价格不变，拒绝提高员工的薪资。

所以，即使安倍经济学仅以提高 2% 的物价作为目标，也遭到了对价格敏感的消费者的抵触。我认为政府有必要把目标转换成提高薪资，把薪资提高 3% 作为目标。仅仅把强调的目标从提高商品价格转换成提高薪资水平，给民众的印象便会完全不同。消费者一旦得知"工资要涨了"，那么即使商品有所涨价，他们也不会那么难以接受。

可能很多人认为"价格便宜就是幸福"，但这其实是不对的。站在企业的角度来考虑，他们即使绞尽脑汁想到了一个可以做出美味巧克力的好主意，也会因为产品开发的成本较高，并且"即使做出了美味的巧克力，也会因为不能涨价而根本无法收回成本"，从而放弃将想法商品化。海外企业以及经济高速增长期的日本企业，都曾经竞相推出优质的商品，并相应地提高价格，获得了巨大的成功。然而，如今的日本企业却只是重视研究"如何小容量化"，以便隐形涨价，这样下去只会破坏企业的挑战精神。

10
访谈田中邦彦

"后疫情时代，消费者的低价偏好可能会
更加强烈。"

田中邦彦　无添藏寿司社长

出生于1951年，冈山县人，爱好钓鱼。
1973年从桃山学院大学毕业后，进入玉之
井醋公司。1977年拥有了自己的寿司店，
1984年开始进入回转寿司行业，1995年成
立藏公司（现在的无添藏寿司）。

喜好廉价并非日本人所独有，而是全世界人民共通的心理。

无添藏寿司在美国和中国台湾的定价虽然高于日本，但与当
地的竞争对手相比，价格依然是最低的。而无添藏寿司在海外的
定价之所以比日本的高，主要原因是海外的人工成本很高。2009
年我们开始在加利福尼亚州开设分店，由于最低工资每年都在上
涨，导致人工成本在这五六年间上涨了近两成，因此我们多次

提价。

　　人人都追求廉价，尤其是日本消费者的低价偏好更为强烈。在持续的通货紧缩情形下，人们形成这样的倾向也无可厚非。经济全球化对经济产生了很多积极影响，但同时也产生了物价下跌的负面影响，比如因廉价的海外商品大量流入，导致生产售价较高商品的国内企业迅速凋零等。在餐饮行业，一家企业能否取得成功，关键在于能否成功地从海外进口低价的原材料。若是失败，便无法以低廉的价格向顾客供应产品。

　　经营餐饮企业，最重要的三大要素是选址、口味以及价格。待客服务与上餐速度固然也重要，但最重要的还是上述三项。不过，日本的生产者往往对定价策略过于乐观，以为"只要产品够好，价格贵些也能卖得好"。于是，他们以强势的价格进入美国等地的市场，结果铩羽而归。接连从海外市场撤退的企业比比皆是。实际上，在企业管理中，最为基本的便是定价策略，企业必须基于客单价进行新产品的研发。打个比方，倘若我们的晚餐客单价不设置"最高1200日元"的上限，那么无论研发多好的产品都卖不出去。倘若我们的客单价设定为1500日元，那么我们的市场空间就很小。经营餐饮业的基本原则之一，便是科学地制定价格，有意识地使该价格具有可持续性，并由此彻底地消除浪费。

　　在未来的日子里，日本的消费者恐怕依旧会捂紧钱包。"无添藏寿司"将继续坚守以每碟100日元的价格供应寿司，其中包括国产珍稀鱼类。当然，如果日本经济摆脱通货紧缩转为通货膨胀，那时无添藏寿司的价格也有可能会高于 100 日元。不过，后疫情时代，消费者的低价偏好可能会比现在更为强烈。因为一旦医疗费用上涨，贫富差距将进一步拉大，进而导致更为严重的通货紧缩。给产品提价并不困难，但要想在保证质量的情况下降低价格却非常困难。无添藏寿司时刻都在致力于削减成本，以备不时之需。

常听人说"廉价对生产者无益"，然而生产者在做出美味的产品时，定然希望能让更多的人享用到。为此，生产者须尽力节约成本，以低廉的价格供应，这才是服务业的原点。

第二章

人才廉价的国度

——年收入 1400 万日元是低收入?

日本企业不约而同地向印度理工学院(上图)
的学生抛出橄榄枝,却未能如愿

1

旧金山 VS 东京港区

2019 年年底，在《日本经济新闻》及日经电子版上连载的《廉价日本》系列报道中，反响最热烈的是题为《"年收入1400 万日元是低收入！"人才流失的风险增大》的报道。

该报道引用的数据来自"美国住房和城市发展部将旧金山年收入为 1400 万日元的四口之家归为'低收入人群'"①。

事实上，对于这篇报道，读者的感想各有不同，分歧颇大。

有人感慨"自己的工资确实完全没有涨过""日本真是越来越穷了"，也有人表示"旧金山的物价太高了，即使有 1400万日元也过不上悠然自得的生活""美国的住院费用很高，虽然日本工资低些，但居民过得更舒服"。

港区的平均年收入是 1200 万日元，在旧金山是低收入

在美国住房和城市发展部 2020 年发布的最新调查报告中，

---

① 实际数字为 129150 美元，以数据发表时期 2019 年 12 月的汇率1 美元约 109 日元计算。

年收入 139400 美元（约 1435 万日元）被归类为低收入人群，这个标准比上一年度高了约 1 万美元。即使按照 2021 年 1 月的汇率（1 美元约 103 日元）计算，低收入人群划分线也远高于 1400 万日元。

该数字在 2018 年为 117400 美元（约 1209 万日元），每年都在以 1 万美元的速度上升。顺便说一下，在 2020 年的报告中，年收入 87000 美元（约 896 万日元）的人群被视为"收入非常低"，年收入 52200 美元（约 538 万日元）的被视为"收入极低"。

报道还以日本与旧金山的年收入做对比的形式，介绍了厚生劳动省①公布的数据。"日本 2017 年的家庭平均年收入约为 550 万日元，年收入超过 1000 万日元的家庭占比略微超过 10%。"

不过，旧金山是美国收入最高的地区之一。因此，有读者指出："与旧金山做比较的话，需要用港区的数据才公平。"确实，用港区与旧金山比较，会比用日本的平均年收入更容易让人接受。基于此，接下来我们便将旧金山与东京都收入最高的区域进行比较。

根据总务省《关于征税标准金额分等级令和元年度所得税额等的调查》等数据，可计算出东京都平均收入最高的区域是港区。同时，位于东京千代田的东京商工调查公司 2020 年发布的一项调查显示，在全国范围内，社长居住最多的区域是港区的赤坂。而且在排名靠前的 10 个区域中，有 7 个属于港区的管辖

———————————
① 厚生劳动省：日本的行政机关之一，负责社会福利、社会保障、公共卫生，以及劳动问题、工人保护、就业对策等事务。

范围，如繁华商业街、高级住宅区云集的六本木、南青山等。据悉，港区人口中有 13.1% 是社长，每 10 个居民中便有 1 个人是社长。

但即使是如此富有的港区，居民的平均年收入也仅约为 1217 万日元。换言之，即使是可称为日本富裕阶层云集的港区，按照旧金山的标准，居民的平均年收入也难逃被视为"低收入"的命运。

3700 日元的早餐

那么，在旧金山这个年收入 1000 万日元都要沦为低收入人群的城市，其实际的生活状况究竟是怎样的呢？

旧金山毗邻信息技术（IT）企业总部云集的硅谷，后者坐拥脸书①、苹果等 IT 巨头。这些利润极高的企业，以高薪吸引来自世界各地的优秀工程师，从而拉高了周边的房租及物价。

51 岁的安川洋先生从 2011 年开始便居住在该地区，他表示："感觉这 9 年间住宅价格上涨到了原来的 2.5 倍左右，拉面也涨到了原来的 1.5 倍。"

安川先生经营着一家专门销售进口杂货的店铺。

2020 年 12 月之前，他们一家住在一套带有三间卧室的公寓里（相当于日本的高级公寓），每月房租为 4600 美元（约 47 万日元）。

---

① 脸书：社交平台，原名 Facebook，后改名为元宇宙（Meta）。

在美国,房租会随着经济增长而同步上涨。

而且,房租除了每年上涨之外,在合同期限从一年换成一个月时,也有上涨到原来的 1.3~1.4 倍的惯例。就在安川先生担心"照这么下去,房租会不会要涨到 6000 美元(约 62 万日元)"时,新冠肺炎疫情突然暴发,紧接着旧金山所在的加利福尼亚州通过了一项法案,开始限制房租的过度上涨。当时考虑到孩子已经长大,于是安川先生一家便在 12 月份搬到了郊区的一套独栋住宅。新居所带有 4 个卧室,房租为 5800 美元(约 60 万日元)。

那么,在这里生活一天要花多少钱呢?我与安川先生通过美国最大的外卖配送平台"车门仪表板"(DoorDash),选购了当天的三餐。

首先是早餐,我们在附近的咖啡馆点了三明治套餐:

●加利福尼亚腌肉生菜番茄三明治花费 10.35 美元(约 1070 日元)

●搭配牛油果花费 1.2 美元(约 120 日元)

●迷你沙拉花费 7.2 美元(约 740 日元)

●可乐花费 2.45 美元(约 250 日元)

加上配送费、手续费、小费等,总共花了 36 美元(约 3700 日元)。

午餐我们点了颇受欢迎的拉面套餐:

●豚骨拉面花费 14.5 美元（约 1500 日元）

●饺子花费 6 美元（约 620 日元）

●茶花费 3.5 美元（约 360 日元）

同样地加上配送费等，合计 35.54 美元（约 3700 日元）。

晚餐我们点的是日本人也不陌生的时时乐①的牛排套餐：

●牛排加龙虾花费 23.99 美元（约 2500 日元），其中柔嫩的牛肋眼花费 11 美元（约 1200 日元）

●餐后甜点花费 4.99 美元（约 510 日元）

●柠檬水花费 3.99 美元（约 410 日元）

同样算上配送费等，合计 61.58 美元（约 6400 日元）。

时时乐餐厅的氛围非常轻松，与家庭餐厅相近，但其价格却十分接近日本的高级餐厅。就这样，一天的生活费超过了 1 万日元。

当然，在美国有许多会员制的折扣店，如开市客②等，在那里可以买到价格实惠的牛肉、坚果等食材。倘若自己动手做饭，生活费能便宜不少。然而，在外出用餐方面，即使在东京市中心，只需花 1000 日元左右也能吃到套餐，由此可见日本与美国之间的价格差距之大。

---

① 时时乐（Sizzler）：一家国际连锁美式西餐厅，起源于美国加州。

② 开市客：Costco，美国最大的连锁会员制仓储量贩店。

日本企业的海外派驻人员都异口同声地表示："从某种意义上讲，300日元的牛肉盖饭和500日元的午餐真的很难得。"

安川先生亦感触颇深："尽管日本的餐饮价格很便宜，但味道和服务都极好，性价比很高。"

GAFA[1] 带动的房租暴涨

随着新冠肺炎疫情的暴发，旧金山也出现了新的变化，即员工居家办公的常态化。

2020年5月，美国推特公司允许约5000名员工永久居家办公，即只要员工能参加线上会议，便可在任何地方办公。随后，脸书等多家IT企业也纷纷效仿。如此一来，员工便无须继续居住在房租和物价高昂的硅谷。据悉，这之后搬到郊外或其他州居住的工程师数量不断增加。

甚至连一些企业也开始搬离硅谷，得克萨斯州是最受欢迎的迁移地，因为那里免征个人所得税，房租也比较便宜。比如，甲骨文公司于2020年12月，以"为员工提供更灵活的工作场所及工作方式"为由，宣布将总部迁至该州首府奥斯汀。从硅谷源头的惠普中拆分出来的美国慧与公司，也曾计划在2022年迁往得克萨斯州。据悉，电动汽车巨头特斯拉的首席执行官（CEO）埃隆·马斯克亦已移居得克萨斯州。

未来，硅谷既有企业的流出或将继续。

---

① GAFA：是美国互联网四巨头的缩写，它们分别是谷歌（Google）、苹果（Apple）、脸书（Facebook，现改名为Meta）以及亚马逊（Amazon）。

此外，还有这样的动向：因以 GAFA 为核心的大企业周边的房租暴涨，美国最大的网购电子商务平台公司亚马逊于 2021 年 1 月宣布，将投资 2000 多亿日元，在美国各分公司周边建设面向中低收入群体的廉价住宅。

亚马逊之所以这么做，是因为虽然他们的员工薪资很高，但暴涨的房租让原本居住在当地的居民无力承担。该公司的 CEO 杰夫·贝索斯认为，"这将有助于使当地居民更安定地生活"。在美国，社会各方批评垄断利润的平台企业的声音越来越多，亚马逊此举亦有为了规避此类指责之意。

美国不只在房租与餐饮方面比日本贵，在贴近民众生活的订阅服务（定额收费服务）方面也比日本更贵。如亚马逊提供的可享受免费视频、免费音乐以及免配送费的有偿 Prime 会员服务，美国的 Prime 年度会员价格为 119 美元（约 12300 日元）。而在日本，同样的会员，尽管价格已经在 2019 年 4 月从 3900 日元上涨到了 4900 日元，但仍然比美国的便宜许多。

当然，该会员费用之所以在美国如此之高，除了服务及内容较日本更为丰富之外，另一大优势便是可以免除横跨美国广袤大地的配送费。

据常驻美国的一位男子介绍，一般来说从加利福尼亚州寄送 2 瓶葡萄酒到纽约，配送费最低也要 25 美元（约 2600 日元），而且有时需要几天到两周的时间。假如要求快递公司次日配送，那么在本州范围内大约需要 40 美元（约 4100 日元），跨州配送则需要大约 60（约 6200 日元）到 80 美元（约 8300 日元）。该

男子说："看寄什么物品，有时运费反而比物品更贵。"因此，
对美国人而言，Prime 会员提供的免配送费的附加价值很高。

不过，国土面积远小于美国的国家和地区，如英国的 Prime
年度会员价格为 79 英镑（约 11200 日元）、法国为 49 欧元（约
6200 日元）、德国为 69 欧元（约 8700 日元），这些国家的会
员价格也都高于日本。总之，日本的会员价格更低。

30 年间薪资未涨的国度

商品和服务的价格与劳动者的工资水平息息相关。但昭和女
子大学副校长八代尚宏指出："近 30 年间，日本劳动者的工资
完全没有增长。"因此，相比工资水平不断上升的其他国家和地
区，日本的商品才会相对越来越廉价。

日本全劳联（日本全国劳动组合总联合会）分析了经济合作
与发展组织的数据后得出结论：若以日本实际工资历史最高的
1997 年为 100，那么从那之后日本的实际工资一直在持续下降，
到 2019 年已跌至 90.6。与此相对，海外各国几乎都是呈上升趋
势，其中美国为 118、英国为 129，持续下降的地方只有日本。
由于实际工资是剔除了物价变动影响等因素后的数字，因此这一
结果直接反映了日本真实的工资水平，其收入之低可见一斑。

另外，我还采用 2019 年以美元为基准的购买力平价，对当
年的平均工资（年收入）进行了跨国比较。这比汇率更能让人真
切地感受各国之间购买力水平的差异。

结果显示，日本的购买力平价为 38617 美元（约 398 万日

日本实际工资持续下降

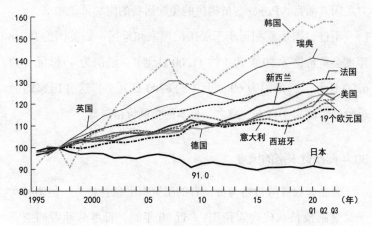

（来源）日本全劳联根据 OECD（经济合作与发展组织）的数据制作。
（注）实际工资是指，从名义工资中剔除物价变动影响等因素后的工资；每小时的工资、奖金，含加班费；指数以 1997 年为 100。Q1、Q2、Q3 分别是指 2000 年第一季度、第二季度、第三季度。

元），与瑞士的 66567 美元（约 686 万日元）和美国的 65836 美元（约 678 万日元）相比差距甚大，甚至低于韩国的 42285 美元（约 436 万日元）和意大利的 39189 美元（约 404 万日元）。

也就是说，即使没有物价的差异，日本的工资水平也偏低。

接下来，让我们看看日本的统计数据。

根据厚生劳动省"工资结构基本统计调查"的结果，1988 年的人均基本工资（不含加班费、奖金等的基本月薪）为每月 23.19 万日元，该数字在 1999 年上升到了 30.06 万日元。但此后日本的人均基本工资便一直徘徊在 29 万到 30 万日元之间，直到 2019 年

日本的平均年收入也较低（按照 2019 年购买力平价换算）

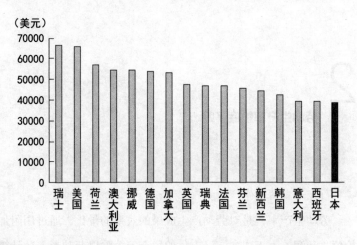

（来源）日本全劳联根据 OECD 数据，按照 2019 年购买力平价汇率计算。

达到历史最高值 30.77 万日元。即便如此，这 20 年间也仅增长了 7100 日元。同样地，财务省[①]针对法人企业的统计调查结果亦显示，这 30 年间企业的人工成本没有大幅度的增加。

　　为何只有日本的工资水平如此之低呢？究其原因，有以下两点：

　　①劳动生产率停滞不前；

　　②缺乏多样化的薪资谈判机制。

---

① 财务省：日本的行政机关之一，主要负责确保健全的财政、实现适当且公正的征税政策、运营税务相关业务、管理国库等。

2

劳动生产率垫底了吗

首先来看劳动生产率。

劳动生产率，是对劳动产生成果的效率的量化，通过用附加价值（利润、人工成本、已支付的税金等）除以劳动者人数计算得出。

根据公益财团法人日本生产率本部的统计，日本在 2019 年平均每小时工作产生的附加值，即平均每小时的劳动生产率为 47.9 美元（4866 日元，按购买力平价换算），仅为美国 77 美元（约 7816 日元）的六成左右，且自统计数据可追溯的 1970 年开始，日本在七国集团（G7）中一直垫底。2010 年，日本的劳动生产率在 OECD 的 37 个成员国中排名第 21 位。

20 世纪 90 年代初，日本的人均劳动生产率接近美国的四分之三，但到 21 世纪 10 年代以后，便下降到了美国的三分之二左右。从 2013 年开始，两国间的差距进一步拉大，近几年日本的人均劳动生产率已经下降至美国的六成左右，为 81183 美元（约 824 万日元）。如今，日美之间的差距已经超过了 1980 年，甚

1990 年、2000 年、2010 年、2019 年
日本的人均劳动生产率排名

	1990 年	2000 年	2010 年	2019 年
第 1 位	卢森堡	卢森堡	卢森堡	爱尔兰
第 2 位	美国	挪威	挪威	卢森堡
第 3 位	比利时	美国	美国	美国
第 4 位	德国	爱尔兰	爱尔兰	挪威
第 5 位	意大利	瑞士	瑞士	比利时
第 6 位	荷兰	比利时	比利时	瑞士
第 7 位	法国	法国	意大利	法国
第 8 位	冰岛	荷兰	法国	丹麦
第 9 位	奥地利	丹麦	荷兰	奥地利
第 10 位	加拿大	瑞典	丹麦	荷兰
	日本（第 15 位）	日本（第 21 位）	日本（第 21 位）	日本（第 26 位）

（来源）日本生产率本部。
（注）日本在 OECD 的 37 个成员国中的排名。2019 年日本的人均劳动生产率排
在第 26 位，为 1970 年以来的最低值。

至连韩国也从 2018 年开始反超日本。日本的生产率本部直截了
当地指出："这表明日本的劳动生产率逐渐落后于国际水平。"

2019 年人均劳动生产率最高的爱尔兰达到了 187745 美元（约
1905 万日元）。然而在 1990 年左右，爱尔兰的这一数字还与日
本不相上下。但从 20 世纪 90 年代中后期开始，爱尔兰下调法人
所得税率后，成功吸引了美国的谷歌、苹果等巨头企业前去投
资。其名义 GDP 亦自 2010 年开始，在 19 年间增长了 2.2 倍。

从上述生产效率数据中，我们可以看出各种各样的信息。

曾几何时，日本的"凶猛上班族"①心甘情愿地放弃周末，视加班为理所当然的事情，每周只回一次家。然而，享受着悠长假期的欧洲人，对于这样的日本不屑一顾："日本人工作过头了。"经济合作与发展组织的数据显示，德国、法国每年的工作时间为1300~1500小时，比日本的1644小时的工作时间要短一到两成。

为什么欧洲能用比日本更短的工作时间，创造更大的价值呢？

答案是，欧洲的生产效率更高。

从单位时间劳动生产率来看，德国为74.7美元（约7700日元），法国为77.4美元（约7970日元）。由此可见，同样以制造业为主的德国，其生产效率要比日本高出56%。

生产效率本部表示："用更短的工作时间，成功地创造出更多的成果，这是欧洲人比日本人拥有更多的闲暇时间，同时又能享受富足的经济生活的原因之一。"

为何德国人的生产效率高于日本人

大约30年前，初出茅庐的野村证券金融经济研究所的许斐润所长，以研究员的身份前往德国赴任，当时正逢柏林墙②倒塌

---

① 凶猛上班族：指日本战后经济快速发展时期（20世纪50年代到70年代）对公司极为忠诚，愿意牺牲家庭和私人生活，拼命工作的工薪族们，他们也被称为"企业战士"。

② 柏林墙：原东柏林、西柏林交界处的混凝土墙。由民主德国建于1961年8月，初为铁丝网路障，后改为混凝土墙，总长度约155千米。1990年10月德国统一后被拆除，目前墙体只留一小部分供参观。

之际。

当时盛传德国人"每年实际只工作 1600 个小时,却能生产出高品质的产品",许斐润所长兴致勃勃地期待着"在当地解开这个谜题"。因为当时的日本人一年的劳动时间超过了 2100 个小时,是名副其实的"凶猛"时代。

然而,据许斐润所长回忆,当他去了德国之后,才发现"德国人看起来完全不工作"。汽车工厂员工全是外来务工的移民,只有在生产线最后的质检环节才配备具有资质的人员,而且直至最后阶段产品还需返修的现象也在屡屡发生。

这样看来,德国根本不能算是个"生产效率大国"。

一本评价日本生产体制的书籍成了畅销书,书名为《改变世界的机器:精益生产之道》(*The Machine That Changed The World*)。据许斐润所长介绍,高档轿车组装工厂的生产效率——组装 1 辆车的时间,日本约为 17 个小时,美国为 33 个 ~38 个小时,而欧洲则约为 37 个 ~111 个小时。

即便如此,德国依然被认为生产效率比日本更高的原因,在于价格。德国的许多商品,如汽车等,都卖得比日本的贵。

据许斐润所长分析:"欧洲人花 5 倍于日本的时间生产出的汽车,如果以 10 倍于日本的价格出售,其以金额衡量的生产效率就会翻倍。这才是德国生产效率更高的原因。"

尤其是德国人奉行"即使在需求很低的时候也要保证盈利",所以他们的生产设备保有量,是以满足需求变动最低点的生产能力为标准配备的。因此,在德国找经销商购买汽车时,人们经常会被告知要"半年后才能交车"。由于德国品牌之间差异巨大（不仅限于汽车），因此，即使商品出现些许价格差异，消费者也很少从一个品牌流向其他品牌。

在德国，即使市场上的某个品牌出现了商品短缺，消费者除了等待之外便别无选择。

而日本则相反，为了不发生商品短缺，企业会根据需求变动的高峰来配备生产能力，因此在需求下降时只能选择降价。

许斐润所长由此得出结论："日本的生产效率之所以很低，原因之一是日本商品的定价太低。"

远程办公亦证实了生产效率

在日本，服务业和过长的加班时间被认为是妨碍劳动生产率提高的两大因素。

一般来说，服务业无法进口或出口，不能通过全球化来追求规模经济效益。因此，在全球范围内，服务业的劳动生产率都低于制造业。即便如此，日本服务业的劳动生产率也太低了，从1995年至2018年，日本在教育和社会福利领域的服务业劳动生产率的增长率为 –0.9%，处于G7各国中的最低水平。不仅如此，在主题公园等娱乐行业以及美容美发等个人服务领域，1995年至2009年的增长率甚至为 –2.3%，2010年以后为 –1.5%。

与海外相比，日本服务行业的服务质量更高，但日本的生产效率实在太低了。

"没有了上下班的界限，总感觉自己在磨磨蹭蹭地工作。"

在东京都某 IT 企业工作的 34 岁女子说道。她目前在居家办公，可即使工作时间结束，上司还会不停地发来工作信息，直到深夜才能结束，她对此非常不满："省下了通勤时间，可不必要的消息和邮件也随之增加，工作效率反而下降了。"

居家办公与远程办公，这些因新冠肺炎疫情暴发所带来的巨大变化，对个人的工作效率究竟有何影响，是许多人都感兴趣的事。

然而，各大调查公司和企业所实施的问卷调查的结果却千差万别，既有因远程办公使工作效率提高的，也有因此下降的。这是因为工作效率无法通过个人感想的问卷调查来衡量，关键是要先将调查结果进行量化，再构建基于数据能够予以评估的机制。

3

因人手不足而崩溃的年功序列制

导致劳动者的平均工资多年不涨的原因，除了长期停滞的生产效率之外，还有"大企业的中老年男性员工薪资下降在背后推波助澜"，昭和女子大学副校长八代尚宏说道。

通过对厚生劳动省工资统计表进行分析可以发现，就职于1000人以上的企业中的40~44岁的男性，在2008年的平均年薪为797万日元，而在10年后的2018年却下降到了726万日元。其间，45~49岁人群的平均年薪也下降了50万日元左右。你没有看错，企业中老年员工的薪资在受到压制。

"因为工作方式进行了改革，加班费也减少了。我们与10年前50多岁的那代人相比工资变少了，真是不甘心。"一位在收益不甚理想的大型电机制造厂工作的50多岁的男子垂头丧气地说道。

按理说，在传统的日本企业中，员工的薪资水平应该与其年龄及工龄成正比。那么，为何年龄最大、工龄最长的中老年男性员工的薪资反而会缩水呢？

对此，八代指出："由于人手不足，同时还要与外资企业争夺人才，企业不得不提高年轻员工的待遇。因此，只能下调一直以来待遇优厚的中老年员工的薪资，将这部分重新分配给年轻员工。"

近 20 年日本月薪变化

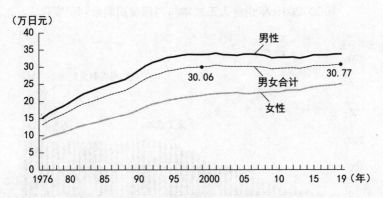

（来源）厚生劳动省"薪资结构基本统计调查"的工作底薪。
（注）近 20 年来日本平均月薪未大幅度增长。

许多企业为了增强竞争力，都在提高毕业生的起薪，改善年轻员工的待遇，但用于支付员工薪水的"蛋糕"却并未做大，因此其影响不可避免地波及已沦为体积成本[①]的中老年员工。

事实上，在方才的分析中，25~29 岁的群体在 2018 年的平均年薪比 2008 年增加了 17 万日元，20~24 岁的群体的平均年薪

---

① 体积成本：原指商品等因体积大小所产生的成本。此处指中老年员工人数众多成为企业的一大负担。

也增加了 15 万日元。迄今为止，根据日本企业奉行的年功序列制，员工薪资水平会随着年龄的增长而上升。不过如今薪资的年龄曲线却呈扁平化趋势，年轻人的薪资上升了，中老年人的薪资却下降了。尤其是大型企业，如今做任何决策都是以"年轻人优先"为准则。

1960~2019 年企业人工成本与内部保留剩余利润变化

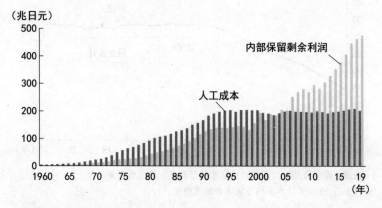

（来源）日本财务省的法人企业统计调查。
（注）日本财务省的法人企业统计调查，调查对象包括日本的所有企业（不含金融保险业）。自 1990 年起，企业人工成本持续横盘。

　　日本综合研究所[1]于 2019 年实施的一项调查表明，1000 家企业中约八成企业表示"青年人才不足"。的确，2019~2020 年是各企业争相提高应届毕业生起薪的高峰期。

[1]　日本综合研究所：全名一般财团法人日本综合研究所。成立于 1970 年，是日本经济产业省管辖下的一个从事国际问题、经济政策、企业经营战略等研究调查和咨询的智库。

比如，把优衣库推向全球的迅销公司，在 2020 年春季便将应届大学毕业生的起薪提高了约两成，达到了 25.5 万日元；永旺集团也于 2019 年决定上调起薪——上次调薪还是 4 年前；机床巨头德马吉森精机在定期加薪外，时隔 13 年首次将起薪提高了 3.16 万日元，定为 25 万日元。

提高应届毕业生的起薪这股潮流，不只冲击了苦于人手不足的零售、服务、建筑业，还影响了制造业等行业。根据厚生劳动省的统计，2019 年硕士的起薪为 23.89 万日元、大学毕业生为 21.02 万日元、高中毕业生为 16.74 万日元等，均刷新了历史纪录。

然而，倘若企业无法持续发展、收益不能持续增加，用于支付薪资的"蛋糕"不能变大，则加薪这一福利就无法照顾到所有人。

提高应届毕业生的起薪和定期加薪，都会增加企业的固定费用。

当企业缺少一线员工，且面对数字化、人工智能（AI）等的人才不足时，唯有壮士断腕。

卫材公司[①]便是一个很好的例子。

该公司于 2019 年春季实施的定期加薪中，对 20~30 岁的年轻员工予以优于中老年员工的加薪政策。比如 30 岁员工的加薪标准高达 1.68 万日元。同时，公司劝退了约 300 名 45 岁以上的

---

① 卫材公司：日本的一家医药研发企业。

员工，让他们在 3 月底提前退休，以此保证该公司提出的"人工成本总额不变"。当年，该公司应届毕业生聘用人数从往年的 40 人左右增加到了 100 人，此举促进了该公司组织结构的年轻化。

在制药行业，由于医生从网络收集信息变得简单，日本国内负责收集医药信息的从业人员在 5 年间减少了 3000 人。另外，对含数据分析在内的专业人才的需求则不断上升，各公司加大了对年轻员工的聘用及培训力度。某制药企业高层苦恼地表示："经验丰富、能够立即进行数据分析的人才，即使给出高薪也很难招到。"

由于年轻员工不足，以年功序列制为前提的薪酬制度开始土崩瓦解。

中老年男性的就业寒冬

像卫材公司这样，在业绩良好的情况下削减人员的企业越来越多。

东京商工调查的数据显示，在 2019 年新冠肺炎疫情暴发之前，实施提前退休或自愿离职① 的上市公司共计 35 家，涉及人数高达 1.1 万人，无论是企业数量还是涉及员工人数，都是 2018 年的 12 家公司、4126 人的 3 倍左右，超过了众多电机巨头陷入

---

① 日本企业的雇佣制度与中国不同，其聘用的员工可分为正式员工和非正式员工。对于非正式员工企业可在合同到期后随意解雇，但正式员工却不可随意解雇，且在其离开公司时（包括离职和退休）还需根据工龄向其支付一笔不菲的退职金。

经营危机的 2013 年的 54 家公司、10782 人，时隔 6 年首次超过 1 万人。

各企业离职、退休的对象多为 45 岁以上的员工。日本综合研究所副理事长山田久认为，这些 20 世纪 90 年代大量聘用的"泡沫世代"（2019 年时 49~52 岁）以及"团块二代"①（2019 年时 45~48 岁），"对企业来说，已经成为体积成本"。

自愿离职通常在业绩下降等需要精简人员的情况下发生，一般的做法是：企业在定出需要精简的人数后，以 3 个月为期限，在全公司内征集自愿离职者。这相当于公司裁员的前期阶段。

然而，我对上述 35 家公司的业绩进行分析后发现，其中有 20 家公司最新的全年最终损益都是黑字，即盈利。他们的变相裁员可称之为"黑字裁员"。

这些公司的削减人数约为 9100 人，占所有提前退休或自愿离职员工的 80%。35 家公司中，最终出现赤字（亏损）的企业仅为 15 家，占比约 43%。东京商工调查公司的二木章吉先生分析道："为了把事业重心转入成长领域，在盈利时精简人员结构的'先行实施型'企业在增加。"

比如，中外制药②2018 年 12 月期③的净利润连续两期创历史新高，但该公司仍然于 2019 年 4 月向 45 岁以上的员工征集提前

① 团块二代：指"团块世代"的孩子们，出生于第二次婴儿潮（1971~1974 年）。
② 中外制药：日本医药的制造商巨头。
③ 以 2018 年 12 月份为年度结算最终月份。

退休意愿，共有 172 人应征。安斯泰来制药[①]2019 年 3 月期[②]的净利润也同比增长了 35%，但到当年 3 月底时，大约有 700 名员工从该公司提前退休。

某制药巨头高管说道："趁着公司业绩稳定、员工就业环境良好时，对人员结构进行调整是很有必要的。"

"我想趁着还年轻，跳槽到其他能给出较好待遇的公司，一直工作到 70 岁。"2019 年，从某电机制造厂提前退休的 50 岁男子深有感触地说。

虽然前东家的业绩表现并不差，但由于自己跟不上公司的数字化转型，该男子开始感觉自己被公司当成了累赘。眼见年轻后辈的待遇不断提高，而"自己年轻的时候，前辈们的工资却比自己高"，该男子束手无策，只能每天去居酒屋买醉、发牢骚。

直到有一天，他突然意识到：假如自己能活到 100 岁，要跳槽到更能发挥自身才能的公司，现在恐怕是最后的机会。他问自己：像现在这样"死缠着"公司不放，碌碌无为地了此一生真的好吗？

于是，当公司以提高离职金等条件征集退休意愿时，他便应征退休，并通过人力资源公司的介绍，有望在另一家中小企业实现再就业。尽管他的期望待遇仅比之前的薪资略有下降，但仍有多家企业向他递来橄榄枝，希望他能"发挥在大公司积累的工作经验"。

---

① 安斯泰来制药：日本的一家医药研发企业。

② 以 2019 年 3 月份为年度结算最终月份。

"刚开始，我在面试的时候只会回答'我可以做管理'。几番面试后，我意识到，自己竟然无法就市场所需要的技能做出任何说明。"该男子如此回顾道。

尽管如此，他还是找到了自己擅长的领域，并找到了与自己相匹配的企业。他表示："假如一直待在之前的公司，我应该也意识不到这些事情。"

2019 年，在就业环境并不算差的情况下，黑字裁员增加的部分人员可归因于一些劳动者如同这位男子一样，有寻求能够长期工作下去的新环境的意愿。总务省的劳动力调查显示，2018 年的跳槽人数为 329 万人，该数字已经连续 8 年上升。从年龄层来看，45 岁以上的跳槽者有 124 万人，比 5 年前增长了约三成以上。位于东京港区的日本人才介绍事业协会①对三大人才中介公司的数据进行了分析整理，数据显示，2018 年 10 月至 2019 年 3 月，41 岁以上的跳槽者为 5028 人，竟比去年同期增长了四成。该年龄层亦是增速最大的人群。

根据瑞可利职业研究所②的调查，随着企业从年功序列制向成果主义制转变，上市公司中 40 多岁当上课长的人数比 10 年前减少了近两成。

该研究所的所长大久保幸夫分析称："员工到了 40 多岁便能看到自己在公司的未来，因此许多人为了更有激情地工作，会

①　日本人才介绍事业协会：日本的一家公益法人，会员为日本的人才中介企业。

②　瑞可利职业研究所：日本的一家人力资源研究机构。

提前从公司退休以另寻新天地。"

然而，新冠肺炎疫情的暴发导致公司的经营环境恶化，情况便随之一变。

2020 年征集自愿离职的企业共有 91 家，应征人数超过了 1.8 万人。企业数量仅低于雷曼危机后的 2009 年，当时有 191 家。而且这些企业中，最新的财报中出现赤字的也很多，日本商工调查的二木先生说，现在"完全回到了因不景气而裁员的状态"。

企业的经营状况受新冠肺炎疫情的影响而变得更为严峻，可供于支付薪资的"蛋糕"也更难以做大。

如今，年功型薪酬制度根本无法继续维持，崩溃的可能性越来越大。

4

应届毕业生的起薪与 IT 人才的薪资

前文曾提到过"日本企业给应届毕业生的起薪正在提高"。

既然企业的起薪呈上升趋势，那么与海外国家相比，日本的起薪是否已摆脱过低的窘境了呢？

答案是否定的。

总部位于英国伦敦的全球知名咨询公司韦莱韬悦，对 2019 年全球大学毕业生入职第一年的基本年薪进行了调查。结果显示，美国为 629 万日元、德国为 531 万日元、法国为 369 万日元、韩国为 286 万日元。而日本的起薪根据经团联的调查为 262 万日元，在 14 个国家和地区中排名倒数第四，还不到以物价高而闻名于世的瑞士的 902 万日元的三分之一。

韦莱韬悦的高级总监森田纯夫表示："海外应届毕业生的起薪类似日本的社招，其薪资水平因人而异，因此不存在'同等起薪'的概念。"

不仅如此，"日本企业以终身雇佣为前提，因此作为起点的起薪受到了压制"。

日本的应届毕业生的起薪不足瑞士的三分之一

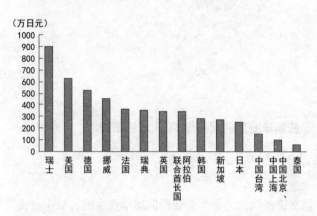

（来源）韦莱韬悦 2019 年薪酬报告。

（注）大学毕业生入职第一年的基本年薪，不含加班费。日本采用经济团体联合会[1] 的起薪调查结果。

近来，日本也出现了抛弃所谓的"平等原则"的迹象，如索尼公司从 2019 年开始，根据个人能力确定应届毕业生的起薪。

美国 30 多岁 IT 人才的年薪为日本的 2 倍多

与美国等国家相比，日本不仅起薪低，AI 及 IT 人才的薪资与其他国家相比更是存在着巨大的差距。

根据经济产业省的数据，美国的 IT 人才从 20 多岁到 50 多岁，平均年薪均超过了 1000 万日元，其中 30 多岁的人群平均年薪最高，达到了 1200 多万日元。

---

[1] 经济团体联合会：2002 年 5 月由经济团体联合会（经团连）与日本经营者团体联盟（日经连）统合而成，是代表不同产业团体和企业组织的经济团体。简称经团联。

与此相对，日本30多岁的IT人才的平均年薪仅为520万日元。

由于日本企业依然奉行从20来岁开始一步步积累的年功序列制，因此年轻员工无论再怎么优秀都会被定位为"培养中"。然而，即使是其中收入最高的50多岁的IT人才，他们的平均年薪也只有750万日元而已。

可想而知，日本企业的待遇如此之低，自然非常不利于留住人才。

比如，日本电报电话公司①（NTT）的高管透露："公司的研发人才在35岁之前就会被GAFA等公司挖走。"NTT大量聘用应届毕业生，并对他们精心培养，没想到近年来却成了全球IT人才的供给方。于是，该公司便引入了新的制度，只要是优秀人才，即使是年轻员工亦给予3000万日元的高薪。

IT人才可谓是今后竞争力的主战场，NTT如此焦虑，便是因为日本未来将面临IT人才严重不足的威胁。

根据经济产业省②的预测，到2025年时，日本IT人才的缺口将达到约43万人。特别是因无人商店、自动驾驶等的普及，AI已经成为零售、汽车等众多行业所必需的技术。

然而，现状却是，日本每年完成AI专业硕士课程的人数仅为2800人。目前，全球共有2万多名顶级的AI人才，日本仅拥

① 日本电报电话公司：日本的通信巨头之一，世界五百强企业。
② 经济产业省：隶属日本中央省厅，负责对内对外各类经济事务。下属机构有：大臣官房、经济业政策局、通商政策局、贸易经济协作局、产业技术环境局、制造产业局、专利局、经济产业局等。

有其中的 3.6%。

政府已经制定目标，计划在 2025 年前每年培养 25 万的 IT 人才，并导入由国家认定的教育内容的培训制度。企业也将制订相应计划，与政府保持步调一致。整个社会都在加快推进官民并举的体制建设。内阁府 ① 对此危机感十足，负责该事务的参事官说道：“如果不能培养出这么多的人才，日本的未来将岌岌可危。”

薪资代沟成为人才引进的瓶颈

如果只依靠国内培养 IT 人才，企业很快就会被世界甩在身后。因此，许多企业都试图从海外招揽人才。

但是，薪资代沟却成为日本企业争夺海外人才的一大瓶颈。

从上文对日本企业与美国企业的薪资比较可知，日本的低薪资哪怕放眼亚洲也是极为突出的。

在经某人力资源服务巨头介绍成功就职的案例中，数据科学家（从事大数据分析的专家）在日本的年薪最高为 1200 万日元，而在中国却是 1600 万日元。与 IT 相关的岗位，在中国香港和新加坡的年薪可达到 2000 万日元以上。

目睹跳槽市场众多实况的职场社交平台——美国领英日本分公司代表村上臣先生坦言：“以日本的低薪资，恐怕难以吸引活跃在世界范围内的全球化人才。”

---

① 内阁府：由日本总理府、经济企划厅、冲绳开发厅、国土厅防灾局等组成，其长官为日本首相。其主要职责为协助处理日本内阁重要政策的内阁事务。

5

在印度招不到人才

与日本相反，在薪资上彻底实践"反一刀切"的国家是印度。

在贫富差距巨大的印度，讨论"平均"毫无意义。在印度，获得全球认可的优秀理科人才的起薪可与美国媲美。这片土地上诞生了微软首席执行官萨蒂亚·纳德拉，以及谷歌首席执行官森德·皮查伊等大批杰出的经营人才，全世界的企业都云集于此，

2017 年在印度理工学院（IIT）海得拉巴分校学习的学生

以期寻觅到下一个萨蒂亚和森德。

其中，日本企业则起步较晚。

"Day One（第一天）"指的是每年的 12 月 1 日，由于印度理工学院是两学期制，因此每年的这个时候，四年级的学生便已结束第一学期的学习，开始求职。求职活动会持续好几个月，越优秀的学生，越容易在求职的第一天被大企业内定[①]，所以无论是 GAFA 这样的行业巨头，还是名不见经传的初创企业，都会在这一天开始争先恐后地选拔人才，以招揽"超级精英"。这个日子，无论对于招聘企业还是求职学生，都可谓命运的"决胜日"。

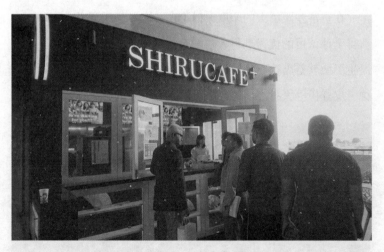

2017 年，印度理工学院内一处由日本企业赞助的咖啡馆，员工在介绍日本的情况

[①] 内定：指企业已与求职者达成聘用协议，但尚未办理正式的入职手续，相当于 offer(录用通知）。

这一天，在印度理工学院全国23个分校的教室、招待所，到处都在轮番进行着各种笔试和面试，一直从清晨持续到深夜。

不过，2020年的12月1日却有所不同。受到新冠肺炎疫情影响，选拔活动全部转移到了线上。求职学生在家里或宿舍内，在线接受企业相关负责人的面试。

印度理工学院的人才，连美国互联网四巨头GAFA都非常看重。最重要的一点是，每所分校只允许不超过一百家企业参加"Day One"的招聘。

参加"Day One"的流程是：每年的9~11月，招聘企业向学校发出招聘需求，由校方从中筛选出合适的企业并给企业分配面试的地方。而且，大学会事先核定面试人才名单，并提供给招聘企业，在招聘当天则进行人事面试、技术面试以及代码测试等。同时，学生一旦接受了某家公司的内定，便不允许再参加其他公司的面试。

据对印度颇为了解的人才介绍公司苏凯尔斯介绍，能够参加"Day One"的企业，由大学方面根据学生的投票结果、企业录用时给出的薪酬水平、企业的品牌影响力以及员工发挥才干的机会等综合因素决定，没有明确的筛选标准和企业数量等信息。苏凯尔斯的社长西山直隆表示："日本企业想参加'Day One'，机会渺茫。"2020年，该公司有两家均为初创企业的客户得以参与"Day One"，并聘用了多人。这在日本企业中是极为罕见的例子。

海得拉巴，位于印度中南部，是一个科技产业蓬勃发展的城市，这里不仅有众多本土的IT企业，如印孚瑟斯^①的分公司，微软和谷歌也在此设有分公司。从市中心驱车行驶，可以看到一大片空地，印度理工学院海得拉巴分校便坐落于此。校园里排列着数栋似白似红的建筑物，给人以尚未建设完成的印象。

据知情人士透露，在印度理工学院海得拉巴分校2020年的"Day One"中，求职学生人数为600~700人，其中大概有70人成功获得了内定。前来计算机科学系招揽人才的企业有：微软、苹果、高盛、甲骨文、高通等著名企业。不过，当天好像没有日本企业成功招揽到人才。

"日本企业在这里原本就不为人所知。印度人不了解日本的IT企业，就如同日本人不了解非洲的IT企业一样。"印度理工学院海得拉巴分校副教授片冈广太郎如是说。

的确如此，2017年我在印度停留期间，曾询问该校的学生都知道哪些日本企业。结果，得到的回答大多是铃木、丰田、软银这3家在印度积极投资的日本企业。而美国互联网四巨头GAFA，则很早便在当地设立了研发基地，该校的毕业生进入这些公司后可以先在当地的分公司上班。

日式薪酬制度的局限性

日本企业无法从印度招揽到人才，当然不仅仅是因为知名度低，还因为在待遇方面与其他国家和地区的差距太大。

---

① 印孚瑟斯：印度首家在纳斯达克上市的公司。

　　比如，像 GAFA 等美国企业，他们向顶尖 IT 人才提供 1500万 ~2700 万日元的年薪，吸引他们到美国总部工作。据悉，含印度理工学院在内，印度每年的 IT 专业毕业生有 150 万人左右，其中高端人才有 10 万 ~20 万人，其中最优秀的 100 名左右的顶尖人才，都去了 GAFA 以及大型金融企业。

　　"我们简直求贤若渴。"日本某著名初创企业的高层，如此表达他们对印度理工学院人才的渴望。

　　以前曾有一名印度理工学院毕业生在该公司实习，为公司的程序设计做了改良且效果斐然，使公司的应用程序操作起来方便了不少。这位高层感叹道："真是让我很惊讶，没想到他们和一般 IT 人才之间的差距竟然这么大。"

　　可惜的是，那位毕业生最后去了给出 1700 万日元年薪的亚马逊公司。

　　还有这样的例子。

　　某日本电机巨头也参加了 2018 年印度理工学院的招聘活动，结果却"惨败给了当地的一家无名企业"。

　　这家"无名企业"给出的年薪是 800 万日元，而他们给出的是日本应届毕业生的标准起薪 600 万日元。

　　在日本，薪资待遇的上涨是个循序渐进的过程，如定期加薪、统一上调基本工资等。

　　该公司人事负责人说："如果员工的工资比他的上司高，周围的人是无法接受的。日本没有形成一种单独向高端人才支付高薪的特殊制度。"

对于这样的日本企业，在印度理工学院学习计算机科学的学生不屑一顾，争相选择进入美国企业工作。原索尼公司职员、对印度 IT 行业颇为了解的武鑓行雄先生表示："物价与工资都在原地踏步的国家（日本）毫无魅力可言，要想吸引这些高端人才，必须要有极具魅力的技术前景与职业规划。"

日本某软件巨头在数年前曾聘用了大量的印度技术人员，但该软件巨头的竞争对手透露："因为只让他们从事单纯的研发工作，所以他们都相继离职了。"据说，这正是日本被全球其他国家和地区收割人才的原因。

说到底，日本企业面临的挑战及其与国际之间的认知偏差究竟有哪些呢？

苏凯尔斯公司曾对约 60 名从印度最难考的大学毕业，并在日本企业工作数年的印度人，以及已聘用印度高端人才的约 30 家日本企业进行了一项调查。

结果，85% 的企业表示："今后打算继续扩大或维持对印度人才的聘用规模。"与此相对，在印度籍高端人才中，有 53% 的人对"绩效薪酬满意度"的回答是"还有改善的余地"。当询问他们"认为哪些是企业重视的评估指标"时，有 25% 的人选择的"个人绩效"仅排在第 7 位，他们觉得与排在第 1 位占比70% 的"团队绩效"等相比，他们的个人绩效没有受到重视。

也就是说，他们认为自己的"个人实力并未受到重视"。

由此可见，日本企业需要转变的是思维模式。

武鑓先生断言："日本企业至今不明白，印度的年轻人是以入职欧美企业为目标学习的。"

举一个例子,竟然有日本企业在印度理工学院招聘时,要求应聘者"会说日语"。

武鑓先生表示:"难道会有企业要求美国斯坦福大学计算机系的学生'学好日语'吗?在东南亚,或许还能以这样的条件招聘到人才,但在印度早就行不通了,日本企业的观念实在太落后。"

苏凯尔斯公司从 2021 年 3 月份开始,开展了一项新业务,即向 100 多家日本企业引荐印度理工学院的学生。由于印度理工学院的企业招聘活动极不透明,各分校的规定也千差万别,如果无法融入圈内,企业就很难招揽到人才。于是,该公司便打造了一个供日本企业浏览大学方面的求职信息,向印度学生展示企业信息与实习机会的平台。在这个平台上,学生可以注册登录,填写简历并应聘相应岗位。据说已经有 20 家公司表明愿意使用此项服务。

致力于引进海外人才的煤炉

日本企业需要关注的不仅是如何吸引到海外人才,同时也需要思考如何留住人才。

在日本,吸引海外人才颇有经验的企业是二手交易软件"煤炉"。

"你想来煤炉工作吗?"

2018 年,当时正在埼玉大学教授计算机科学的拉姆·安东尼先生，在领英上收到了这样一条消息。

同一时间，另一家发展迅速的 AI 初创企业也向他伸出了橄榄枝，但经过三轮面试后，他最终选择了煤炉。安东尼先生表示："有机会处理大量消费者的数据对我来说极具吸引力，而且煤炉提供的年薪也比之前提高了不少。"

据悉，截至 2019 年秋季，该公司的 AI 团队约有 50 人，几乎都是从世界各处挖来的精英。当我们在煤炉上架物品时，软件会自动识别上传的照片是女士连衣裙还是其他物品，这项图像识别功能便应用了 AI 技术。

煤炉的一位负责人表示："虽然学习 AI 的人有所增加，但能够将知识应用到具体服务中的人才还是很少。"

2019 年，机器学习库"Scikit-learn"①的原作者大卫库·尔纳波也加入了该公司，在技术圈内引发了一场关于煤炉"人才凝聚力"的热烈讨论。

截至 2020 年 9 月，煤炉的员工总人数（包括所有关联子公司）约为 1800 人，3 年间增长了 2.5 倍。仅仅在东京工作的技术人员中，就有近五成是外籍人士。

煤炉的人事负责人表示："我们好不容易把他们招进来，要是不能人尽其才，就太可惜了。"为了让这些外籍员工尽快把精力集中到工作上，公司的老员工和他们组成一对一帮扶"伙伴"，在工作之余帮助他们融入日本的生活。

---

① Scikit-learn：一个 Python 编程语言的免费软件机器学习库。

　　日本企业要想留住外籍人才，就要建立认可员工多样性的职场环境。目前的状况是，初创企业和年轻企业在这方面更加擅长。

　　面临诸多挑战的不仅是企业，还有肩负培养人才重担的大学。由于很多年轻学者跳槽到了待遇优厚的企业研究所等机构，许多大学培养 AI 人才的师资力量都严重不足。甚至有研究人员称："整个日本有能力培养 IT 人才的大学教师只有 100 人左右。"这也反映出日本大学的待遇水平之低。

　　因此，日本的大学也在努力从海外聘请教师。

　　"真心希望您能来长崎当老师！" 2018 年，就职于长崎大学全球合作组织的松岛大辅教授（现在就职于金泽大学）曾亲自前往海得拉巴分校，邀请研究深度学习的 30 多岁的印度研究人员来长崎大学担任新设学部的教员。除印度外，该校也在中国、泰国等地网罗教师人才，他们的中长期计划是大量聘请外籍教师。松岛教授说："如果不这么做，国内的教员数量将会出现缺口。"

6

势均力敌的加薪谈判

如前所述，日本企业难以吸引海外人才，为何不能向优秀人才提供高额薪酬呢？

其根本原因包括薪酬制度本身在内的日本式雇佣制度。这也与本书前面提及的日本"缺乏多样化薪资谈判机制"有关。

日本的大型企业给员工加薪，一般是由工会向用人单位（经营方）提出对月薪等工作条件的要求后，由双方通过谈判确定。此类谈判每年都会大张旗鼓地举行一次，被称为"春季劳资谈判"或"春斗"[①]。日本的工会将电机、汽车等行业组织在一起，通过统一步伐以提高自身的谈判筹码。

各方关注的焦点是"统一上调基本工资"以及薪资随工龄与年龄的增加而上调的"定期加薪"。一直以来，年功序列制、终身雇佣以及企业内工会，被认为是支撑日式经营的"三大

---

① 春季劳资谈判：又称春斗、春季工资斗争等，是在日本工会的领导下，于每年春季展开的要求企业提高工人待遇的全国性运动，始于1955年。

神器"①。

定期加薪制度有助于留住人才，从长远来看，所有员工都可以被培养成才，这与以终身雇佣为前提的日本企业颇为相称，曾是日本经济高速增长期的基本制度，在国际上广受好评。

不过，那已经是过去式了。

由于个人绩效、能力无法与待遇挂钩，近年来批评该制度导致"劳动积极性难以提高"的声音越来越多。同时，随着员工的老龄化，人数众多的中老年男性员工的薪资"对于企业来说变成了体积成本"，日本综合研究所副理事长山田久对此评论道。由此引发的后果，就是前面提到过的"黑字裁员"。

春季劳资谈判代表着"平等加薪"，是"55年体制"②的一环，始于1955年由八大行业工会组成的"八单产共斗会议"开展的提高薪资的斗争。自那以后，钢铁、汽车等行业工会被视为春斗的"风向标"，带头与资方谈妥加薪水平，并为其他行业所借鉴。在第一次石油危机后，这些工会甚至设定过40%以上的加薪目标。

但是，2002年以后，主要企业的加薪幅度一直徘徊在1%左右，加薪谈判陷入了停滞。

不过，这些年的春斗也有了新的变化。

第二次安倍政权起步后，政府于2013年直接要求经济界提

---

① 三大神器：原指象征日本天皇神权的八咫镜、八尺琼曲玉和草薙剑。

② 55年体制：指日本从1955年开始持续了38年，以自由民主党和日本社会党两大政党为中心的政党政治体制。

高员工的薪资。

由于政府的介入，这次春斗被大家称为"官制春斗"。已故前首相安倍晋三在 2018 年直接呼吁企业给员工"加薪 3%"，像这样由政治人物出面直接提出加薪目标的情况实属罕见。因为政府的介入，从 2014 年开始，春斗的加薪幅度达到了 2%。但也有批评的声音，某工会干部认为，这是"仅限于按首相示意行事的'大企业'的薪资上涨行为，中小企业员工以及非正式员工并未因此受益"。

官制春斗，可看作安倍政权与经济界处于蜜月期的象征。

然而，日本工会总联合会的前会长神津里季生却批评说："所谓的官制春斗，最终为安倍政权埋下了祸根。"

"加薪'2%'仅限于和首相关系密切、会顾及首相意愿的'大企业朋友'，而中小企业的员工以及非正式员工则并未因此受益。"换言之，劳工界普遍认为这样的加薪"不能推广到整个社会，因此无法支撑起物价的上涨"。

2013 年及 2014 年，得益于以摆脱通货紧缩为目标的"政劳资会议"[①]，员工薪资显现出一定的上升趋势。在当时的会议上，神津会长曾强调："应开设提高中小企业生产效率和非正规雇佣劳动者待遇的小组讨论，2015 年以后也要继续深入讨论。"

但该提议并未被政府采纳，且自那之后便再未召开政劳资会议。

---

① 政劳资会议：顾名思义，是由政府、经济界和劳工界的代表共同举行的政策会议，旨在相互发表意见并达成共识。

　　神津会长指出："政府太过执着于由大企业惠及中小企业的'涓滴效应'①，却没有对应该讨论的事进行深入分析。"

　　围绕薪资问题，2019 年日本厚生劳动省实施的作为政策基础的每月劳动统计调查中，也暴露出了管理不善的问题。以往每年上调 3% 左右的最低工资，在 2020 年新冠肺炎疫情暴发后，因日本政府方针转变为"应优先维持雇佣"而被中断。神津会长断言："即使是在新常态下，如果不继续提高薪资，地方企业也将无法确保充足的劳动力。从其自行放弃加薪这一点来看，'安倍经济学'无异于举手投降。"

---

① 涓滴效应：又称涓滴理论，是一种假设通过支持大企业和富裕阶层的活跃经济，能够使财富逐渐流向低收入阶层，最终有利于全体国民的经济理论。

7

"不发声"的日本人

昭和女子大学副校长八代先生强调："春季劳资谈判只是为大企业、中老年男性员工和正式员工服务的。"

有一个术语叫作"工会组织率"，它反映的是加入工会的人数占全体劳动者的比例。在日本，战后的这一数字一度达到了 50% 以上，但在 2000 年与 2020 年却分别下降到了 21.5% 和 17.1%。

2020 年，女性劳动者的工会组织率为 12.8%，临时雇佣劳动者的工会组织率仅为 8.7%，虽然这两者都已高于过去的水平，但工会仍被嘲讽为"男性正式员工俱乐部"。

如今，日本的非正规雇佣劳动者占全体雇佣劳动者总数的四成，外籍人口的加入也使得劳动者身份出现了多样化的趋势。在这样的情形下，仅仅依靠春斗已经难以满足这些人才的加薪需求。个体被排斥在社会多数派以外，需要更努力地孤身奋斗。这样的社会真的好吗？

据估算，1000 人以上的大企业的工会组织率高达 41.8%，而低于 99 人的企业，该数字只有 0.9%。日本汽车工会总联合会的某干部透露："处于供应链下游的中小企业，有的甚至连管理薪资实际情况的账本都没有。"这样的企业，连薪资都是一本糊涂账，哪里还谈得上劳资谈判。

各企业工会和各行业工会主导的加薪体制，在战后确实发挥了很大的作用。然而，这种集体性劳资谈判机制已经长期弱化，而能够取而代之的个体谈判却没有得到发展，这是一个大问题。

瑞可利职业研究所的主任研究员中村天江指出："日本的劳动者无论是换工作，还是入职第一家公司，都没有就薪资待遇与用人单位开门见山地进行谈判的习惯。"

这被认为是只有日本劳动者的薪资一直不涨的主要原因。

"从未要求过加薪"的人约占七成

根据该研究所于 2020 年在日本、美国、法国、丹麦、中国进行的"五国关系调查"，日本以外的四国约有七成以上的劳动者在进入公司后仍要求过加薪，而日本的劳动者中仅有三成这么做过。

在日本，"自己从未要求过加薪"的劳动者高达七成。

而这样的劳动者在中国仅有 6%、法国仅有 23%，属于名副其实的少数派。日本以外的其他国家的劳动者，在"绩效考核反馈时要求过"加薪的人全都占到了三成以上，除了与人事部门的面谈之外，"和上司闲聊时要求过"加薪的劳动者也占了13%~25%。

五国在不同时机提加薪要求的劳动者占比情况

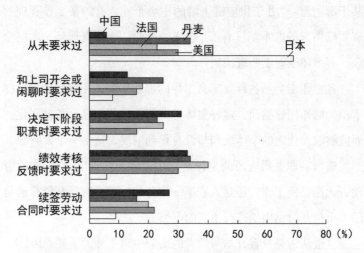

（来源）瑞可利职业研究所（2020）五国关系调查。
（注）仅统计跳槽者。

　　日本的劳动者在换工作时要求提高待遇的也仅有5%。

　　但是，该调查显示，包括日本在内的这五个国家，但凡劳动者在跳槽时提出自己的期望薪资，大概率会得到满足。

　　海外劳动者在跳槽时提出自己期望的薪资，从而实现涨薪的人很多，由此可见，日本劳动者的流动性之所以较低，也与他们在跳槽时依旧无法涨薪密切相关。

　　但劳动政策研究及研修机构①的数据显示，日本劳动者中连续在一家公司工作年限不超过4年的人所占的比例，在2017年就已达到34.3%，而美国则为52.4%。

① 劳动政策研究及研修机构：日本的一家独立行政法人。

跳槽带来的年薪变化

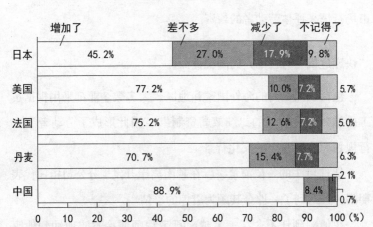

（来源）瑞可利职业研究所（2020）5 国关系调查。
（注）仅统计每周工作 20 小时以上的跳槽者。

尽管如此，瑞可利职业研究所就跳槽带来的年薪变化进行调查时，日本受访者中回答"增加了"的比例仅为 45.2%，在 5 个国家中排名倒数第一。美国和中国分别有 77.2% 和 88.9% 的人在跳槽时成功提高了年薪。

更令人惊讶的是，在日本因跳槽导致年薪"减少了"的人竟然高达 17.9%。

看待跳槽谈判时需要注意的是，在日本，用人单位很多时候都是按照劳动者在上家公司的薪资来确定其待遇的。

假如劳动者的上家公司是日本企业，女性及年轻人的薪资大多会因各种因素受到压制。这样一来，劳动者的薪资便会一直很低。

今后，用人单位需要建立一种机制，以便在招聘时切实按照市场行情来评估劳动者的薪资。

"快递危机"与日本人的国民性

包括亚洲在内的海外国家和地区，大多数企业都采用根据员工的绩效确定待遇的"绩效薪资制"，因此形成了劳动者"自行规划职业生涯"的文化背景。

某IT巨头的一位前董事，在越南离岸开发①分公司担任代表期间，曾遇到了一件令其颇为震惊的事情。

在他刚到任不久，一名越南籍工程师便冷不防地冲到他跟前，质问道："为什么干同样的工作，那家伙的工资和我的不一样？"

据悉，越南的劳动者就业流动性较大，同一家公司的员工之间有互相透露工资的习惯。倘若上司给出的解释不足以令其信服，那么该员工就会跳槽去其他公司。

该董事还表示："（越南）通货膨胀率也很高，如果工资一年没有上涨 7% 左右，他们就会去其他公司。"

每当遇到这种情况，日本企业便只能眼睁睁地看着他们跳槽。

某日本大型证券公司的一位高管，也曾有过一段感触颇深的经历。在他被派驻中国分公司时，有家中国企业想要挖走他们在

----

① 离岸开发：是软件行业外包开发的一种模式，指软件公司将信息系统和软件委托或外包给海外供应商或海外子公司开发。

当地聘用的一个员工，而且许诺的年薪是自己公司的2~3倍。

"即使我想挽留，我们公司也给不了那么高的工资，所以只能对他说'恭喜了'。"该高管苦笑道。

由此可见，日本"低廉的工资"，除了归结于人工成本和制度的僵化导致企业无法灵活地提高劳动者的薪资以外，缺失多样化薪酬谈判环境亦是一大原因。

为什么日本的劳动者会在薪资谈判方面下意识地集体失声呢？

造成这个结果的原因，可以列举出以下两点：

①所有的正式员工在毕业进入公司后，均按照企业的薪酬制度确定薪资水平，他们的待遇几乎不相上下；

②由于劳动者的流动性不大，员工无法获知与其他公司相比，自己的待遇处于何种水平。

因为日本人不了解以个人为单位进行薪资谈判的方式及措辞的技巧，所以在日本"主动提钱的人"有可能会被认为是个麻烦人物。在这样的日本，劳动者心怀这样的恐惧："提出加薪要求可能会给自己带来不利的影响。"

近两年，物流行业出现了因人手不足而导致的"快递危机"。原因是来自发货方的降价压力很大，物流公司不得不低价接单，导致从业人员的薪资也一再降低，所以招不到足够的司机。

物流行业的这种被动接受的模式，在"没有能力进行薪资（价格）谈判"这一点上，与社会上的劳动者如出一辙。

　　劳动者在入职时一旦提及待遇问题，就会被企业方贴上"麻烦的家伙"的标签，甚至可能会被调到自己不想去的部门。在日本，单方面的上意下达观念根深蒂固，与其说这是商业规划的问题，不如说是日本的国民性更加贴切。而且，越是从事基础行业的劳动者，越容易有这样的倾向。因此，建立健全的薪资谈判循环体系显得极为必要。

　　目前为止，日本人在薪资谈判方面，偏重于依靠劳资双方的集团谈判。

　　但是，在雇佣开始流动化的今天，劳动者不仅要重视入职后的加薪谈判，也应重视在跳槽时的薪资谈判。

　　中村女士表示："随着人才多样化及工作方式的差异化，每个劳动者的需求也会有所不同。企业应摆脱包括薪资谈判时机在内的统一谈判。"

　　现在的社会，需要的是个性化的薪资谈判。

　　20世纪的政治经济学家阿尔伯特·赫希曼[1]在《退出、呼吁与忠诚：对企业、组织和国家衰退的回应》一书中，阐述了"退出—发言模式"。

　　这种模式指的是在企业活动中，劳动者如果对组织内部产生不满，他们的生产效率就会下降。这时，劳动者有两种解决途径：离开这个企业，即退出；或者继续留在企业内部并通过"发

---

[1]　阿尔伯特·赫希曼（1915—2012）：美国著名德裔思想家，经济学家，20世纪最伟大的知识分子之一，著有《退出、呼吁与忠诚：对企业、组织和国家衰退的回应》等。

言或告发（呼吁）"来表达不满。

如果企业不能提供"呼吁"的途径，劳动者便会从"出口"离开，即退出。

如果一个人的需求能成功地传递给对方，他获得满足的概率便会大大提高。因此，如果劳动者想规划发展型的职业生涯，必须学会为自己"发声"。

8
定岗型雇佣真的能解决所有问题吗

2020 年，新冠肺炎疫情的暴发使工作方式发生了诸多改变，其中最具代表性的是远程办公以及由此引发的雇佣形态——"定岗型雇佣"，即在远程办公的前提下，如果要提高劳动者的工作效率，基于个人成果而并非一刀切的考核体系不可或缺。

不过，在此之前的 2020 年 1 月，经团联便早已在《经营劳动政策特别委员会报告》（经营方在春季劳资谈判中的指导方针）中，在对日本式雇佣制度进行修改的同时明确指出："定岗型雇佣模式是企业留住高端人才的有效方法。"

所谓定岗型雇佣模式，是指在明确职务内容的基础上，为岗位配置最合适的人才。为此，公司需提供详细记载某一职务的工作内容、所需能力的《岗位说明书（职务描述）》，从公司内部或外部招募适合的人才，并根据员工的个人能力和工作成果进行考核，而非工作时间。这在海外已经成为一种标准的雇佣形态，可使公司为优秀的人才提供相应的高薪，确保公司保有必要的人才。

与此相对，日本企业在招聘时不限定员工的职务，统一录用一批应届毕业生，从零开始对他们进行培养，这种雇佣形态被称为"成员型雇佣模式"。这种模式以终身雇佣为前提，劳动者没有失业的风险，但员工一般都属于"无限定正式员工"[1]，所以必须服从企业的工作调动、岗位调动等任何业务命令。

经团联对定岗型雇佣模式的肯定一经公布，日本企业便立马行动起来。

经团联的会长中西宏明所领导的日立制作所、三菱化学等大企业，率先宣布将导入定岗型雇佣模式。2020 年 8 月，美国人事咨询巨头美世[2]的日本法人以日本国内 240 家企业为对象实施过调查，3~5 年后计划导入定岗型雇佣模式的企业，按职位类别看，管理职位中的中层管理者所占比重从现在的 36% 提高到了56%，非管理职位（综合职位）的所占比重从现在的 25% 提高到了 42%。

"职责型雇佣模式"也是一种选择

"即使当地分公司好不容易花高价挖来优秀的硅谷工程师，我们也会受限于日本总部的薪酬体系差异，无法让他们来日本工作。"

---

[1] 无限定正式员工：指日本的正式员工无固定岗位，根据公司的需要可以随意调遣。

[2] 美世：世界最大的人力资源管理咨询机构。

领英日本分公司代表村上臣先生，经常从日本企业的高管那里收到此类咨询。

原因在于，日本的薪酬制度不允许向特定的某个人支付超高的薪资。在日式成员型雇佣模式下，员工除了薪资以外，无论是人事调动还是异地调动，都必须遵循公司的指示，村上代表表示，这"在外国人看来也很奇怪"。

对于苦恼于成员型雇佣模式的大企业而言，导入定岗型雇佣模式，或许有助于留住优秀人才。

不过，村上代表也提出警告："定岗型雇佣模式是否适用所有的情况，我认为不能一概而论。"

如果采用定岗型雇佣模式后，日本企业仍然保留着年功序列制、年资主义等不透明的考核标准，那么日本在全球人才市场上仍将处于不利的位置。不仅如此，由于打破了只有日本国内才通行的加拉帕戈斯效应①，日本企业可能反而会面临优秀人才向海外流失的风险。

所以说，企业导入定岗型雇佣模式不应只流于形式，必须构建高度透明的人事制度，使企业与员工之间形成对等关系。村上代表说："在此基础上，如果工资水平相同，那么在'物价便宜又安全的日本'工作，在外国人看来必定很有吸引力。"

此外，在实施定岗型雇佣时，职务分解及制定职务说明书也

① 加拉帕戈斯效应：指日本企业在孤立的环境下，独自进行"最适化"，而丧失和外部区域的互换性，面对来自外部适应性和生存能力的商品时，陷入被淘汰的危险。日本的手机行业是最典型的例子。

是一个很大的障碍。

　　这么看来，定岗型雇佣模式似乎是面向在全球开展最前沿的事业、待遇良好，并已有明确的目标人才群体的大企业的一种雇佣形态。甚至导入定岗型雇佣模式的某制造业巨头的人事负责人也感叹："我们根本来不及准备数量如此庞大的职务说明书。"

　　也有人认为，对于中小企业或仅仅想提高劳动者的个人自律性、生产效率的企业而言，采用明确员工各自所承担的职责，并加强与日常管理、考核、待遇联动的"角色型雇佣"便足够了。

　　瑞可利职业研究所主任研究员中村女士，把这种雇佣模式命名为"职责型雇佣模式"。

　　若以人才为一切的出发点，这种模式可以说是"日本式定岗型雇佣模式"，即日本式雇佣与定岗型雇佣的结合体。此外，在实施定岗型雇佣模式时，关于如何制定包括补偿金在内的解雇规定等保障措施，企业也有必要讨论。

　　不管怎样，企业必须首先考虑采用何种雇佣形态以达成目标，并慎重决定应该导入何种制度。同时，如果企业决定按照劳动者的绩效来加薪，那么每个劳动者也将不得不进行与以往不同的意识革命。

什么是真正的"富足"——对"成就感"和"闲暇时间"的满意度也很低

　　这里有一组颇有意思的数据。

　　领英公司曾以全球 22 个国家和地区的 3 万多人为对象，调查了他们认为的"人生中对成功至关重要的东西"。包括日本在内，几乎所有国家和地区的受访者都把"拼命工作"排在首位。在其他国家和地区，排在第二和第三的回答分别是"善于接受变化"和"人脉关系"。

只有日本的受访者的回答中，排在第二位的是"运气"。

村上代表评价说："日本人认为无论是分配岗位还是职业生涯都全靠运气，这真是令人震惊。"

这一调查结果，充分说明日本劳动者过于依赖公司及外部因素的事实。

20 世纪 90 年代初期，由于泡沫经济破灭，日本企业开始严格控制人工成本，非正式雇佣成为潮流。日本企业通过削减人工成本，以提高国际竞争力的行为被视为"经营上的努力"。

然而，即使这样做能够让企业的利润有暂时的提升，生活窘迫的人也越来越多了。

从整个社会来看，企业严控人工成本是否具有可持续性，重新成为人们思考的问题。

"相比薪资待遇，日本的文化更重视成就感。"

对于日本与海外的薪资差距较大的报道，很多读者发来了上述意见。

国土交通省①2020 年的调查显示，日本人对"薪资待遇"的

---

① 国土交通省：日本的行政机关之一，负责全面系统地利用、开发和保护国土，具体业务有整合社会资本、促进交通政策、促进气象业务的健康发展，以及确保海上安全和治安等。

满意度，排在英、法、德等国家之后。

即便如此，如果日本人以"工资以外的兴趣"充实自己，人人都生活得很幸福的话，那也没有什么问题。

日、英、法、德 4 国对薪酬、工作时间、成就感的满意度

	满意度／居住地点	薪酬	工作时间	成就感	满意度／居住地点	居住空间	住处周边环境	闲暇／娱乐
日本	首都圈（n = 1605）	4.73	5.95	5.43	首都圈（n = 2186）	6.05	6.34	5.67
	首都圈以外（n = 1608）	4.48	5.89	5.51	首都圈以外（n = 2190）	6.25	6.39	5.66
英国	首都圈（n = 807）	6.10	6.60	6.07	首都圈（n = 1073）	6.93	6.68	7.05
	首都圈以外（n = 800）	6.35	6.75	6.06	首都圈以外（n = 1091）	6.90	6.74	6.88
法国	首都圈（n = 860）	5.79	6.27	5.93	首都圈（n = 1077）	6.82	6.64	6.71
	首都圈以外（n = 796）	5.82	6.47	6.12	首都圈以外（n = 1093）	7.01	6.91	7.03
德国	首都圈（n = 880）	6.25	6.84	6.50	首都圈（n = 1082）	7.27	7.39	7.02
	首都圈以外（n = 871）	6.21	6.92	6.44	首都圈以外（n = 1099）	7.38	7.38	7.17

（来源）日本国土交通省"关于企业等集中于东京一角的座谈会"第四次资料。
（注）以"不满"为 1 分、"满意"为 10 分时，对 10 个等级的回答的平均得分。首都圈或首都圈以外，n 是指居住地个数。调查时间为 2020 年 9~10 月。部分摘录。

然而，日本人对"闲暇／娱乐"和生活整体的满意度也排在末位。

从这一调查结果可知，日本人在经济上和精神上都不富足。瑞可利职业研究所主任研究员中村女士说道："如果日本人仍旧坚持'只要拥有自然和四季就是富足的国家'这种古老的价值观，日本很可能会变成贫穷的国家。"

我们在讨论富足的时候，劳动者的薪资待遇是无法回避的。在廉价的薪资体系下，即使企业能够得到发展，劳动者也无法获得幸福。如果个人得不到幸福，企业就会陷入困境。

针对物价上涨，企业应该相应地提高劳动者的薪资，同时企业应正当考核员工的技能提升，对员工予以升职或加薪。

9
/ 访谈中村天江

"首先要建立起'薪资是应该上涨的'共识。"

中村天江　瑞可利职业研究所主任研究员

1999 年进入瑞可利，2009 年进入瑞可利职业研究所。历任劳动、人力资源相关的政府委员等职务。

从经济合作与发展组织的数据来看，目前日本的平均工资在七国集团中排名垫底。其他国家和地区的劳动者认为薪资"上涨是理所当然的"。然而日本的劳动者的想法却与此完全不同，认为薪资"不变才是理所当然的"。不仅如此，从实际工资来看，日本的工资不涨反跌，可是劳动者却从未提出过任何反对意见。我认为，日本首先要建立起"薪资应该上涨"的共识。

在日本，劳动者一直都是拿着企业给的"一口价"卖命工作，薪资水平与工作内容并不对等。特别是在人才几乎不流动的领域，薪资水平非常不透明，因而劳动者更难以察觉自己正在遭受不公平的对待。

比如，受新冠肺炎疫情影响，医院停发奖金，导致医务工作人员陷入悲惨的境地，很多人得知这一情况后表示惊讶。即使在一般的企业，劳动者如果知道"坐在窗户边每天干活很少的部长年薪是 1500 万日元"，应该也会有人立刻觉醒吧。在日本，由于薪资行情闭塞，劳动者对自己的实际境况一无所知。

加薪谈判过去一直是由工会等团体主导的，但今后会成为无论是薪资还是工作环境，都需要劳动者与用人单位单独谈判的时代。当日本各界因为人手不足不得不使年轻人、年长者、国际人才等各色人等一起工作时，员工所面临的照料老人、抚养孩子等情况和环境都将因人而异。日本非正式情形的单独谈判刚开始起步。但在海外，企业与劳动者单独就薪资进行谈判已十分普遍。日本也需要在全社会推广企业与劳动者就劳动条件单独谈判的机制，并加以应用。

对于企业而言，延长年长员工的聘用期限，提高非正式员工的待遇，都会使整体的人工成本上涨，这确实令人苦恼。然而，重要的是企业不要盲目地提高员工的薪资，而是转向根据员工的绩效给予奖励，包括通过支付高薪等方式进行最优分配。企业若无法提供高薪，就无法招揽优秀人才，最终结果就是无法实现创新，进而导致企业竞争力下降。关于薪酬，倘若不竭力扭转现有的思维模式，不认同"投资后才能获得回报"这样的观念，日本将难以跳出现有的恶性循环。

　　日本的劳动者不仅"金钱并非全部"的观念根深蒂固，而且倾向于过度揣摩企业的行为。现在，是时候重新定义日本人想要的富足是什么了。

10 / 访谈村上臣

"日式雇佣太特殊了。"

村上臣　领英日本分公司代表

就读大学期间与朋友一起成立了初创企业电脑队。2000 年入职雅虎，2012 年开始担任执行董事，主管终端事业的企策划战略。2017 开始担任领英日本分公司代表。

日本之所以在国际人才引进的竞争中败下阵来，主要原因是薪资过低与日式雇佣形态过于特殊。

首先是薪资。

我们通过对领英上发布的与 IT 相关的工程师、产品经理以及数据科学家的招聘信息进行分析后发现，日本的薪资远低于美国的硅谷。

另外，阿里巴巴集团和运营短视频软件"TikTok"（抖音）

的字节跳动等中资企业的薪资水平也很高，因为这两个公司是与硅谷争夺人才，所以薪资给得十分大方。连印度企业中各个部门的最高负责人的薪资水平，也与硅谷的不相上下。

除薪资以外，日本企业在招揽海外人才时的另一个不利因素便是工作方式。

在外国人看来，自己的工作内容以及工作地点全部由公司决定的日本成员型雇佣模式，实在是无法理解。外国人的主流观念是"自己的职业生涯自己规划"，这不仅限于欧美国家和地区，连亚洲的其他国家和地区也是如此。外籍人才完全不想在日本工作，因为当自己好不容易在某个专业领域有所建树时，却可能会被公司要求"明年春天开始换个部门"，或者当自己在东京已经买好房子安置好家人后，却可能会被公司要求"下个月去北海道工作"。

当然，日本人一直享受的成员型雇佣模式的待遇其实并不差。在终身雇佣的前提下，大公司会给员工提供诸多福利，几乎覆盖从出生到死亡的所有环节，如房租补贴、房贷优惠利率、家庭补贴、葬礼补贴等。虽然劳动者的基本工资很低，但公司会以其他形式向他们提供"隐形年薪"，以降低员工整个家庭的生活成本。然而，劳动者如果跳槽到其他规模不大的企业，这些福利便可能消失。

这种模式是在战后以制造业为主的行业中建立起来的，是在"丈夫负责在工厂工作，妻子负责照顾家庭，全家一起为公司做贡献"的前提下实现的。

其结果是，现代女性需兼顾工作和家庭，负担过重。这也可以说是战后日本制造出的系统性种族主义[①]。但随着数字化转型时代的到来，日本也必须从根本上改变现有的社会结构。

当社会结构发生改变后，对劳动者而言，关键是不能再把自己的人生交给公司安排，而是应持续提升自己的市场价值。

个人的职业生涯只能靠自己去创造。

在海外，个体即使不想跳槽也会主动收集公司外部的信息，以时常确认自己的市场价值。我本人在步入社会后，也养成了年底总结自己在过去的一年中有多少成长，并更新自己的职务经历书[②]的习惯。

---

① 系统性种族主义：原指美国社会存在的不公平现象，包括一系列复杂的反黑人行为、白人拥有政治经济特权等，这里指日本社会存在的对女性的各种不公平对待。

② 职务经历书：一种记述求职者个人工作经历的资料。在日本，社招时要求求职者同时提供个人简历和职务经历书。

11

访谈神津里季生

"要提高薪资水平，需要政、劳、资三方统一观念。"

神津里季生　日本工会总联合会前会长

1979 年毕业于东京大学，入职新日本制铁（现在的日本制铁）。1984 年担任该公司工会专职人员。历任基干劳联^①中央执行委员长等职务，从 2015 年开始担任联合会第七任会长。

长期以来，由于日本企业采取"（工资）能不涨就不涨"的态度，导致日本经济下滑，与其他发达国家的差距不断拉大。对单个企业而言，这是符合其自身需要的做法，但从整体经济发

---

① 基干劳联：全称为日本基干产业劳动组合联合会，日本第八大工会组织，是日本制铁、造船重机、非铁金属等产业的工会组织。

展来看，却导致了不好的结果。这正是一种"合成谬误"[①]。

1997 年之后，日本的薪资水平持续下降，原因之一便是非正规雇佣数量的扩大。

对于仅追求眼前利益的企业而言，非正规雇佣劳动者无疑是一种受欢迎的劳动力，但从劳动者的角度来看，这种雇佣形式极不稳定，因为用人单位可以根据自身的需要，随意改变劳动者的任职期限、合同等。他们只要说一句"我不需要你了"，便可终止与劳动者的雇佣关系。假如劳动力的市场机制正常发挥作用，劳动者就应该提出"既然工作不稳定，就请付给我高薪"。但事实却并非如此，待遇恶劣的非正规雇佣劳动者占全体劳动者的比例持续增加，由原来的两成上升到了现在的四成。劳动者的薪资就这样降了下来。

在国民经济中，提高薪资水平是促进经济发展的重要因素。

因此，不能只依靠劳资谈判寻求涨薪，而是需要政（政府）、劳（劳动者团体）、资（资方团体）三方统一观念。

第二次安倍政权分别于 2013 年、2014 年召开了政劳资会议，由此促成了春季劳资谈判中出现的薪资上涨趋势，这是不争的事实。然而，尽管中小企业的生产效率提升以及非正式员工的工作方式等重要的课题堆积如山，这一会议也仅召开了两年，没有发展成小组讨论。因此，整个社会的加薪氛围并未形成。

单看联合会主导的春斗，中小企业的薪资涨幅确实超过了大

---

① 合成谬误：经济学家萨缪尔森提出的一种谬误，即认为对局部或个人而言是正确的，就会认为对整体或集体是正确的谬误。

型企业，短期雇佣劳动者的时薪的涨幅大大高于正式员工，劳动者之间的收入差距一直在缩小。但在日本，工会组织率高的企业多为大企业，如何将劳资双方的谈判结果推广到整个社会，必须交由政劳资会议进行讨论。在法国，虽然他们的整体工会组织率只有 7%，但集体协议的适用范围却能扩大并覆盖到九成以上的劳动者。日本也应参考法国的做法，并以这种方式形成劳资间的共识。

在新冠肺炎疫情暴发的背景下，有的经营者甚至声称："我们哪里还能加薪，连活下去都很困难。"

但是，如果受疫情影响较小的行业、有能力加薪的企业不主动提高员工的薪资，日本经济只会越来越疲软。

日本要想创造薪资上涨的良性循环，就必须营造一个让劳动者可以安心发声的社会环境。为此，政府必须出台相关的就业保障措施。如推动构建一种通过职业教育和就业支持，使劳动者本人有意从事的工作与社会所需要相匹配的工作的制度。比如，政府可以租借平板电脑（多功能终端）给个人，使他们能够提升自己的技术，等他们可以自力更生后再将电脑归还给政府。

第三章

"被买走"的国度

——外国人如何买下日本？

埼玉县川口市的一角，附近全是中文招牌

外界眼中的廉价日本，已成为拥有雄厚资金的海外资本竞相争夺的目标。那么，外资大量流入的地区与企业，如今有没有发生什么变化呢？

1

被买走的新雪谷

北海道的新雪谷地区，因当地闪闪发亮的粉雪①而闻名于世。

"房租涨了，我只好住在郊区，开车 1 个小时去上班。"

"拉面都涨到了 2000 日元，绝不是本地人能吃得起的。"

这是我从一位冬季在新雪谷的餐厅工作的女性朋友那里听来的，我听后立刻对这个与廉价日本印象迥异的地方产生了浓厚的兴趣。一碗拉面竟然要 2000 日元，这已经远高于所谓的"景点价格"了，我很好奇那里究竟是个什么样的地方。

2019 年 11 月底，我乘坐飞机来到了飘着雪花的新雪谷地区。

从北海道千岁市的新千岁机场乘车前往新雪谷，大约需要 2 个小时。

等我到达新雪谷中心区，走在冰冻的"比罗夫坡"繁华大

---

① 粉雪：一种含水量极少，干燥而细如面粉的雪，极适合滑雪。

新雪谷繁华的大街上四处可见新近落成的建筑物

自称每年都要来此滑雪的澳大利亚游客

街上后，我发现两旁尽是一楼设有咖啡厅、商店，外表如高级公寓般的民宿。而且店铺的招牌上几乎都只有英语，迎面走来的行人也几乎都是外国人。

这让我差点误以为，自己是在某个异国他乡旅游。

我在街上偶遇了 7 个结伴而来的澳大利亚游客，并询问了他们选择新雪谷的理由。他们回答道：

"新雪谷的雪质是最好的，我们每年都来。"

"消费也不高，我们每年都能来。"

……

新雪谷的地价涨幅跃居日本前列

那么，我们最关心的房租和物价的情况又怎么样呢？

"店铺的租金每个月是 40 万日元，虽然我只在冬季营业，但一旦有人退租立刻就会有新的租户承租，所以我付的是一整年的租金。"一位在新雪谷市中心经营一家印度料理店的印度男子如是说。

因此，到了冬季他只能满负荷运转，在滑雪场附近开着小面包车四处兜售。这家店铺的业主是澳大利亚人。一路之隔的对面的一家店铺，业主是中国香港人。

一位咖啡馆的女店员感叹道："要想在这一带租一间'1K'①的房子，需要花 6 万日元以上。"这个价格，比札幌市中央区的

① 1K：日本对户型的一种称呼，指一个独立房间带一个独立厨房的户型。

平均租金 4.3 万日元要高出四成。

北海道汇总的基准地价显示，2019 年新雪谷所在的俱知安町桦山地区的地价涨幅为 66.7%，连续 4 年稳居日本全国住宅用地涨幅的首位。2020 年，该地区也以 29.2% 的涨幅位列全国第三。毫无疑问，这种暴涨在日本地方城市中极为罕见。

新雪谷地价暴涨的背后是当地入境游客的骤增。

新雪谷地区又被称为"新雪谷观光圈"，辐射范围包括俱知安町、新雪谷町以及兰越町。

在观光圈住宿过夜的外国游客的总人数，在 2018 年约有 68 万人，是 10 年前的 4 倍。

于是，以外国游客为目标的外资企业，争先在新雪谷打造高

新雪谷探险中心的社长罗斯·芬德利表示："新雪谷的酒店及滑雪电梯的费用都比海外便宜。"

端酒店、独栋公寓等，导致在滑雪场附近山区从事建设、旅游等行业的外来人口住房紧张，带动了周边地区公寓房租的上涨。

翻开新雪谷的历史，我们可以看到在日本的泡沫经济时期，这里作为滑雪胜地和日本其他地区一样十分繁荣。但随着滑雪热的结束，这里的客流量急剧减少。不过，在2001年美国遭遇一系列恐怖袭击后，一直前往加拿大和美国滑雪的澳大利亚人发掘出了"安全且时差较小"的新雪谷。

外国资本的渗入便是从那之后开始的。

当时处于重整中的西武集团①，于2007年将旗下位于新雪谷的滑雪场、酒店转让给了美国金融巨头花旗集团。如今，这里被命名为"新雪谷度假村"，由马来西亚最大的综合性企业杨忠礼集团运营，同时该集团还在继续对度假村的基础设施进行大型投资。

2020年12月，美国万豪国际集团在新雪谷开设了日本第一家"丽思·卡尔顿隐世精品度假酒店"。该酒店是"丽思·卡尔顿"旗下的顶级酒店品牌，全球仅有5家。顶级酒店品牌"柏悦"，也在继东京、京都之后选择了新雪谷。

据悉，目前新雪谷地区的5家大型滑雪场中，有3家的运营者为海外企业。

新雪谷不愧是日本国内"不廉价的地方"。然而，即便如此，新雪谷的价格从全球来看也是极为廉价的。

---

① 西武集团：日本著名巨头企业，旗下产业横跨铁路、运输、百货、地产、餐饮、学校等众多领域。

据英国房地产顾问公司第一太平戴维斯于 2020 年 12 月对全球滑雪胜地所作的统计调查显示，按每平方米的房价比较，新雪谷以 7900 欧元（约 100 万日元）的房价，在全球排名第 34 位。

这相比排名第一的库尔舍韦勒 1850[①] 的 2.53 万欧元（约 320 万日元）低了约七成。

不仅如此，相比排在第 2 位的美国科罗拉多州的阿斯彭[②] 的 2.21 万欧元（约 280 万日元），和其他如瑞士的圣莫里茨[③] 的 1.81 万欧元（约 230 万日元）以及法国的夏蒙尼[④] 的 1.7 万欧元（约 135 万日元）等世界著名滑雪度假区，新雪谷要便宜得多。

我询问了新雪谷当地的房地产公司，据悉，新雪谷的房地产投资收益率"好的时候可达 7%"，相比世界其他滑雪胜地 5% 左右的平均收益率，非常适合投资。

在新雪谷经营户外休闲活动超过 25 年的 NAC 公司的社长罗斯·芬德利也明确表示："与欧美的一流度假胜地相比，新雪谷一点也不贵。"

---

① 库尔舍韦勒 1850：全球顶级奢华滑雪度假区，位于法国南部，属于阿尔卑斯山脉，与美丽贝尔滑雪度假区、托朗谷滑雪度假区等 8 个雪场，共同构成世界上最大的滑雪区三峡谷雪区。

② 阿彭斯：位于美国中西部的科罗拉多州，属于洛矶山脉。

③ 圣莫里茨：位于瑞士东南部的格劳宾登州，全球著名的滑雪胜地，曾两次举办冬季奥运会，五星级酒店云集。

④ 夏蒙尼：法国最古老的滑雪场之一，位于阿尔卑斯山最高峰勃朗峰脚下，首届冬奥会举办地。

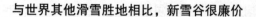

与世界其他滑雪胜地相比，新雪谷很廉价

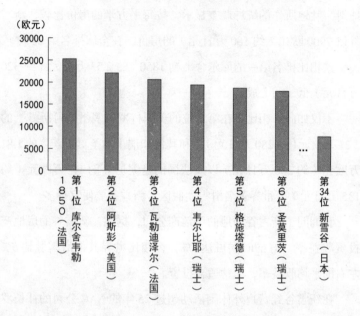

（来源）英国第一太平戴维斯滑雪报告（THE SKI REPORT）（2020/2021）。
（注）每平方米的房价。

新冠肺炎疫情也浇不灭来自海外的投资

由此可见，新雪谷对日本人而言虽然很贵，但从世界范围来看，这里的土地不仅价格便宜且仍有发展空间。

因此，近年来流入新雪谷的人员与资金，主要来自海外。

在新雪谷，开车往市中心行驶约 5 分钟，便能看到一排排带有崭新的木质墙体和超大窗户的独栋公寓。打开其中一栋的大门，映入眼帘的是通风良好的高高的楼梯井以及宽阔的螺旋式楼梯，给人以超大的开放感。

　　这栋公寓共有 5 间卧室，位于 2 楼的客厅可以容纳 14 个人以上同时用餐，宛如高级住宅的样板房。不仅如此，住在这里的人在室内浴池与露天温泉内，就可欣赏到白雪皑皑的羊蹄山——当地人称之为"虾夷富士"①。

公寓客厅宽敞，羊蹄山一览无余。即使售价 5 亿日元也能卖给亚洲的富裕阶层

　　"这座公寓是 2018 年才建成的。"当地位于北海道俱知安町的房地产公司的销售管理部长森广浩二郎先生这样告诉我。

　　尽管这些公寓每栋售价高达 3 亿~5 亿日元，但已建成的 12

① 虾夷富士：羊蹄山的别称，因羊蹄山的外形酷似富士山而得名。羊蹄山位于北海道后志地方，海拔 1898 米，山体呈圆锥形几乎与富士山一模一样，山顶的白雪终年不化。

栋中，有 8 栋已经被中国香港等地的亚洲人购买。房主把公寓作为别墅使用，仅在冬季前来居住，其余时间便以数十万日元一晚的价格将其作为酒店出租。

"我想买酒店或公寓。"森广先生的一天，便是从查阅这类内容的英文邮件开始的。

该公司九成以上的客户都是海外的富裕阶层，甚至还有冬天滑完雪后突然来造访的外国人。森广先生的客户名单里，罗列着约 5500 个外国人的名字，均为企业家、投资家、明星等有钱人。

虽然受新冠肺炎疫情的影响，2020 年冬季新雪谷的外国游客大幅度减少，但由于全球资金过剩，外资流入新雪谷的势头并未减弱。

森广先生说："海外富裕阶层的投资活跃且持续，感觉他们在为'疫情结束后'做准备。"

显而易见，在新雪谷，从土地购买者到房屋的所有者再到使用者，大多为外籍人士。

对于日本开发商参与度较低的原因，当地房地产企业分析道："可能是由于能出高价购买新雪谷物业的顾客大多是海外的富裕阶层，日本企业并不拥有相关的人脉资源，没有信心能够全部售出。"

"那里也在建一个大公寓呢！"

我顺着便利店店员手指的方向看去，在白色隔音墙围起来的一大片土地上，重型起重机进进出出。隔音墙上醒目地写着：新加坡高端住宅开发龙头企业，SC 环球发展公司。该项目于 2021

年左右完工，届时该公司推出最高售价约为 10 亿日元的顶层公寓。

高兴不起来的当地人

新雪谷俨然已成为全球化的城市，但当地居民却依旧以廉价日本的标准在生活，因此房租的暴涨给他们的生活带来了沉重的压力。

有的年轻居民因房子"太贵了，住不起"而不得不离开。

也有 50 岁的当地男性居民表示："等我年纪大了，就把房子高价卖掉，搬到更方便的札幌去住。"

在新雪谷，价格昂贵的不只是房子，位于中心区的餐厅价格也十分昂贵，如：

"汉堡套餐要 2000 日元。"

"咖喱饭要 1500 日元。"

还有的日本游客因在超市里看到"5 万日元的海胆"①而惊掉了下巴。

一位在东京都某 IT 企业工作的 39 岁男子，在 2019 年陪同从海外分公司来日本的外国同事前往新雪谷玩了一趟。他至今记得，他们当时在居酒屋里吃的一碗拉面要 3000 日元。

"明明也是在日本，东西却贵得吓人。"这名男子如此评价道。他的年薪为 1100 万日元，并不低。即便如此，他仍然觉得

---

① 日本超市中售卖的海胆价格大多数为千日元左右，最高时也仅为 1 万多日元。

"没法常去"新雪谷游玩。

对于日本人而言，新雪谷的物价确实很高，但它的价格却处在全球正常水平之内。其中落差的根源在于，日本人习惯了廉价的日本生活。

在这名男子下榻的酒店，工作人员都是日本人，客人大多是东南亚的富裕阶层。他在酒店的酒吧里，目睹那些客人随意地点高级香槟。

这一幕，与他自己数年前在东南亚海滩度假村的样子如出一辙。

持续涌入新雪谷的外国资本之多，远超我们的想象。

外国人为俱知安町带来了大量的固定资产税以及旅游消费，然而现实却让当地人开心不起来。

首先，房屋持有者都在海外生活，他们的收益并不会在俱知安町内使用。

其次，新雪谷旅游行业中的外籍员工在夏季也会回到自己祖国，在那里消费自己的薪资。

新雪谷町企划环境课的负责人表示："从全年来看，流入町外人口袋里的钱，明显比流入町内的钱要多。"当地政府也在探讨诸如导入住宿税、完善便于外国人全年定居的制度等。负责人还表示："与全球其他知名滑雪度假村相比，新雪谷明显便宜许多，而且其收益率也很可观，所以容易成为外资的争夺目标，未来（外资企业）的投资可能还将持续很长一段时间。"

《廉价日本》在《日本经济新闻》上连载期间，关于新雪谷的那篇报道刊登在 2019 年 12 月 11 日。

在俱知安町的议会中，一位女性议员援引了该报道中的数据并指出："这个报道上说旅游观光不能以最大化为目标，而应以最优化为目标。我认为町政府有必要制定相关方针。"

对此，町长文字一志回答道："纵观全国，所有收入可观的旅游观光地，都是创造出了民间商业机会的地方，但这些地方同样有许多政府财政十分吃紧的情况。这种环境下，我们应该在与国际度假村、全球经济动向共生共存的同时，考虑如何改善我们自己的生活状况。"

"新雪谷这样一直任人买走，不知道以后会变成什么样子？"一位在新雪谷市中心开出租车的上了年纪的司机如此喃喃自语，接着又补充道，"不过比以前好多了，我现在虽然不会英语，但只要知道（外国游客说出的）地名，维持生计还是不成问题的。"

近年来，长野县白马村①、冲绳县宫古岛市②等旅游胜地，也已经"新雪谷化"了。

日本各地能否摆脱海外资金，描绘出各自的发展蓝图呢？这个问题在不久的将来，会成为全国性的课题压在我们的肩上。

---

① 长野县白马村：位于长野县西北部北安昙郡，是长野冬奥会的比赛场地之一，目前已成为日本专业滑雪训练基地及世界知名的滑雪度假胜地。

② 冲绳县宫古岛市：日本著名的海滩旅游胜地，以珊瑚礁闻名，其中日本最大的珊瑚礁群八重千濑深受浮潜及潜水爱好者的追捧。

2

被买走的技术

当日本的商品在外界看起来廉价时，便意味着存在被第三方买走的风险，企业和技术也不例外。

根据调查公司乐国富的调查，2018 年中国企业对日本未上市公司实施的并购创下了历史新高，仅已公布的数据就有 25 件，是 2008 年的 6 倍。

此后，虽受国际经济局势、新冠肺炎疫情等影响，中国企业对日本企业的并购步伐有所放缓，但近年来海外企业对因经营困难、后继无人而濒临停业的中小企业的并购现象仍然十分突出。

并购中介机构向我提供了许多信息，如：

"面向制造业的零部件制造商和消费品制造商等企业，虽然拥有自己的技术，但日本的大企业却对它们不感兴趣，最后导致它们被海外企业低价收购。这样的案例越来越多。"

"一家位于长野县的深山中，只有数名员工的精密机械企业，正在悄无声息地被海外企业收购。"

最近，中国一家投资基金收购了关东地区一家从事电子零部件生产的中小企业。该基金的负责人笑着表示："在投标中没有其他买家，包括工厂在内，我们最终买下来的价格很划算。"

这样的事例，媒体多以"日本技术流出"的语调进行报道。不过，在被收购的中小企业中，也有在员工构成保持不变的情况下被成功盘活的案例。

接下来，我想介绍几个与廉价无关，在中国企业旗下重获生机的中小企业的案例。

神奈川县大和市的某企业园区一角，坐落着电子元器件制造商——新思考科技的小办公室。办公室内整齐地摆放着一排电脑，14 名员工正盯着图纸进行研发工作。

该公司的前身 SIKO 创立于 1976 年，20 世纪 90 年代曾向美国英特尔等公司供应过小型马达，并一度向美国苹果公司供应智能手机摄像头对焦零部件（调节器），技术实力雄厚。然而，受苹果公司终止合约的影响，该公司于 2012 年申请了破产保护。

公司原本以为与其签订了赞助合同的美蓓亚三美 [1] 公司会持续向他们提供支持，然而双方的谈判却突然陷入僵局，最后无果而终。

于是，该公司决定向中国上海的某零部件企业转让公司主营的手机电机业务。

这是因为中国智能手机市场快速增长，而且在 SIKO 看来买家在上海的地理优势也很有吸引力。最终，在 2016 年，SIKO 的

———————————————

[1] 美蓓亚三美：总部位于日本东京，创立于 1951 年，日本综合零部件制造商。

股东变成了中国新思考电机。

新思考研发部的星光文先生，每个月都会前往中国出差，以加深与当地企业的交流。星先生说："我们了解到了前沿技术的趋势，这是件好事。"

该公司的小型零部件制造技术广受好评，现在几乎全部产品都用在了中国制造的智能手机上。该公司2019年的出货量约为1.6亿个，2020年为2.4亿个。

星先生表示："员工中的日本人也能毫无违和感地工作。"

变成亚洲国籍的日本街道工厂

中国最大的国有企业中国中信集团旗下的基金——中信资本控股，从2004年开始到2019年，共投入约350亿日元，收购了14家日本的中小企业。

其中一家是于2015年收购的位于埼玉县朝霞市的茉丽特株式会社。该公司生产的产品中，有一种无失真的特殊高清镜头。

被收购后，茉丽特把工厂搬到中国以降低成本，并将产品作为自动化工厂的检测仪器出售。而且，该公司还成功地将售价提高到了与其技术水平相符的合理价位。

中信资本的一位高管描述了该公司的优势："少量、灵活的生产力。"

另一家位于川崎市的开关制造企业神明电机，于2012年被中国的大连鹏成集团收购，接着该公司的主要产品的供应对象，便从个人电脑转向了高于其单价3倍的汽车。

2019 年，该公司向中国汽车企业供应的车门开关开始量产。公司副社长山本均表示："来询价的注重高品质的制造商络绎不绝。"

收购日本企业的中国企业不仅来自中国大陆。

在大阪市东南部，有一家老牌纺织机械制造商的街道工厂。他们的仓库里陈列着数个大型机器，能裁剪的布宽最长可达到 3 米。

这家公司研发出可以用电脑控制剪布的自动裁剪机，出售给海外的服装工厂，其母公司如今是一家中国台湾的企业。

数年前，该工厂的创始人兼社长决定退休，留下十多名员工，却没有后继者。

自动裁切机极易陷入价格竞争，因此需要源源不断的研发资金。但当社长决定退休后，该公司的主要合作银行，便以"公司后继无人，不足以获得长期信用"为由拒绝继续提供贷款。同时，在服装业开始在海外设厂、开展全球化的竞争中，该公司的应对政策也不尽如人意。

在公司生死攸关之际，同行的一家中国台湾的大型企业向其伸出援助之手。

"你们设计的自动控制程序具有独一无二的价值，请不要歇业，我们来注入资金。"中国台湾的企业如此说服了该公司社长。

其实也有日本同行的企业前来洽谈收购事宜，但这家中国台湾的企业与孟加拉国等地的工厂交易频繁。

因此该公司把宝押在了这家企业上，认为他们"跟当地承包商之间关系密切，未来能够扩大产品的销路"。

据悉，中国台湾企业给出的收购条件也超过了日本同行。

公司被收购后，产品的销路拓展到了印度尼西亚和韩国。由于在研发和生产方面实现了专门化，该公司的利润率提高了10个百分点左右。他们还从其他制造行业聘请了一名日本人作为厂长，并利用自身产品可切割坚硬面料的技术，研发面向汽车座椅材料的裁剪机。目前来自零部件企业的询价很多，他们有意把该产品打造成公司的主打产品。

通过这些案例我们可以清晰地看到，经营街道工厂的众多日本中小企业陆续成为"亚洲籍"的事实。甚至有企业表示："如果不想关门歇业，只能依靠中国企业。"

根据帝国数据银行公司（日本最大的信用调查机构）的数据显示，截至2017年年底，由亚洲企业通过投资参与管理的日本企业高达1712家（含亚洲企业的日本法人）。

其中中国大陆企业出资超过51%的企业就有448家，所占的比例最大。

中国的对日投资原本就在持续增长中。

根据日本贸易振兴机构①的数据，2019年年底中国的对日直接投资余额比2018年增加了一成，为历史最高水平。而来自亚洲的直接投资余额首次超过了两成。

日本贸易振兴机构表示，在金融和服务等非制造业的带动

①　日本贸易振兴机构：由日本政府出资设立，致力于促进贸易和投资的一家政府机构。

下，"未来此类收购还将继续增加，对象可能会变为在跨境电商上产品被爆买的消费品生产制造商。"

中国企业对日本未上市企业的并购数量有所增加

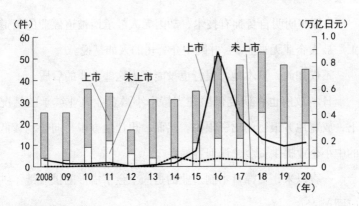

（来源）乐国富调查公司。

受新冠肺炎疫情的影响，经营陷入窘境的地方酒店和旅馆行业等，也可能成为外国企业的下一个收购目标。

目前已经有外国企业通过收购"便宜、高质量"的日本企业以便促进自身的发展。

2010年，中国电动汽车巨头比亚迪，收购了位于群马县太田市的汽车冲压模具巨头荻原公司的工厂，一度成为热门话题。

如今，比亚迪在中国的电动车市场上占有率居于首位，外界普遍认为这离不开荻原公司技术的支撑。

供应链改造

当海外企业在对日本企业的收购活动中表现活跃时，日本企业并购海外公司的数量，也在 2019 年创下了历史新高。由此可见，日本的大型企业无视本国的中小企业，却对海外企业兴趣颇浓。

"那些明明自身拥有技术，却因无人继承而被迫停业的街道工厂被大企业无视了。"并购中介公司的人如是说。

不仅如此，日本地方银行也没能成为这些企业的后盾。

日本政府也在研究仅限在支持中小微企业事业继承的情况下，放宽地方银行的出资限制。然而，想让地方银行向盈利较低的中小企业提供资金，谈何容易。

一直以来，支撑日本制造业的是一个金字塔形的供应链（供应网）。

这是一个电机和汽车等大型企业位居顶点，零部件企业、外包企业紧随其后的结构。

这个结构形成于日本国内企业蒸蒸日上的时代，那时，下游企业以本国销售为前提，只需按照日本大企业的要求进行生产便可万事大吉。

然而，在全球竞争日益激烈的现在，下游企业只靠国内市场已无法继续生存下去。

于是，其中一些中小企业便开始寻求向海外客户供应零部件的机会，或在外资旗下寻找生机。

一家通过竞拍加入中国某企业的关东中小生产企业的高管，道出了他的心声："即使当时的日本大企业向我们施以援手，恐怕我们也会因为无法开拓海外市场而经营越加困难。"

该高管还说："当时我们最大的客户是一家日本企业，他们知道我们经营困难，只能依靠他们的订单维持生存，因此每年都在压低我们的出厂价。"

像日本企业这种"欺负供应商"的行为，虽然政府现在有所监管，但仍然根深蒂固地存在着。

事实上，有很多企业被中国企业收购后，反而因此开拓了全球销路重获新生。

这也意味着中国企业已经渗透到了日本供应链的底层。日本的大企业可能迟早会面临与下游中小企业的争夺战。那时日本制造业对供应链的重整将不可避免。

日本的大型企业也将面临更多的挑战，他们不仅需要保护中小企业，还需要思考应对策略以支撑制造业的供应链，如在进军海外市场时与中小企业合作并支持其生产等。

此次接受我采访的日本中小企业中，也有企业"在被纳入外国企业旗下后，因日本的客户担心他们的产品'品质会下降'，在一段时间内订单量下降了不少"的情况。不过，他们请求客户收货后确认品质，并邀请客户前往外国基地参观，重新获得了日本客户的信任。据悉，很多被中国企业收购的公司，其经营管理层以及厂长也依然是日本人，他们表示："没想到母公司给了我们很大的自由度。"

当然，并不是所有的并购案例都是成功的。

比如，日本最早开发车床的老牌机床制造商池贝，在完成民事再生程序[①]后，于2004年被中国大陆某重电巨头收归旗下。然而，由于双方销路迥异等原因，这次收购未能产生协同效应[②]，在2014年池贝被母公司出售给了中国台湾同行业的一家机床巨头。

而目前国际贸易关系变化带来的影响，也成为日本企业加入外国企业时需考虑的风险，有企业已经表示出对被外国企业收购的戒备，某证券公司的工作人员称："考虑到在不同市场的发展，现在出现了不欢迎与外国有任何关系的中小企业。"

然而，对在困境中挣扎的中小企业的救助，已经迫在眉睫。

据东京商工调查公司的数据显示，2020年因后继无人而倒闭的日本企业有370家，比2019年增加了37%。

这是2013年东京商工调查公司开始该项调查以来，首次出现倒闭的企业超过300家的情况。该调查公司表示："在人口减少、老龄化加剧的情况下，日本中小企业还要面对新冠肺炎疫情的正面冲击。"

2019年年底，全国社长的平均年龄已达到62.1岁，这是自2009年以来该项调查的最高纪录。

对于业绩不佳的企业而言，社长难以找到愿意接班的人进行

---

① 民事再生程序：在日本基于《民事再生法》的审判程序，经济陷入困境的企业，可由公司现任经营负责人主导，在公司债权人等多数利益相关者同意的情况下，制订并实施重建计划，以在适当调整利益相关者利益的同时，重建公司业务。

② 协同效应：指企业并购其他企业后，其竞争力增强、业绩比两个公司独立存在时高的现象。

培养，根本无法着手事业的传承。

倘若支撑日本总体就业岗位七成的中小企业就此消失，人们对失业的担忧也将加剧。希望社会各界能认识到，围绕拥有精湛技术的中小企业，日本已经开始了与亚洲企业的争夺战。

在这样的情况下，需要政府制订相关措施，以保证日本企业在评估中小企业及其技术时能给出合理的价格，以免错失收购机会。

3

衰退中的日本特色产业——动漫

当日本的薪资水平低于全球时，会出现什么情况呢？

首先，日本无法从海外招到优秀的 IT 人才，本书在第 2 章已经介绍过。

然而，薪资低的后果远不止于此。令人担忧的并不只有日本在全球采购时遭遇的失败，还有本国人才的流失。

在东京都町田市的住宅区内有一栋商住两用的大楼。

我乘坐电梯到达 5 楼后进入了一间屋子，里面数个年轻男女正在用液晶笔在大屏幕上画一幅类似神社的图画。

这里是一间名为"日本彩色铅笔动画"的动漫制作工作室。

他们正在画的是中国热门动漫《全职高手》的画面。是的，彩色铅笔（上述日本彩色铅笔动画公司）是中国重庆彩色铅笔动漫设计有限公司① 在日本的分公司，该公司为了支撑其在中国的动漫制作，于 2018 年在日本成立了这家工作室。

---

① 中国重庆彩色铅笔动漫设计有限公司：成立于 2014 年，主要作品有《全职高手》《中国惊奇先生》《撸时代》《馒头日记》等。

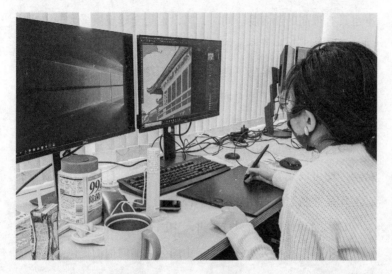

东京都町田市的一栋商住两用的大楼内，动画师正在画中国人气动漫的原画

近来，像彩色铅笔这样，在日本设立分公司聘用日本动画师的中国企业正在增加。

在中国，动漫人气高涨，那些想要丰富自制内容的视频媒体平台，便采取了自己制作动漫作品的策略，特别是"日本品质的内制化"[①]。

彩色铅笔动漫，是一家由中国互联网巨头腾讯控股旗下的阅文集团出资成立的公司。

腾讯因运营和 LINE[②] 一样的即时通信软件"微信"，在日

---

① 内制化：即不委托外部企业制作，在自己公司内部制作。在这里指中国动漫企业在日本开设分公司，聘请日本动画师，以使作品达到日本原创水平。

② LINE：日本人最常用的即时通信软件。

本也具有很高的知名度。同时，腾讯也是全球规模最大的游戏公司，与GAFA一起在全球市值排名中名列前十。该公司还从事在线视频发布业务，推出了自有在线视频发布平台"腾讯视频"，并在该平台上发布了《全职高手》等动漫作品。

负责《全职高手》原画制作的就是彩色铅笔动漫公司。

像腾讯这样的中国巨头企业，通过在其旗下设立日本的制作公司，便可以充分利用自身雄厚的资金实力，自行制作高质量的动漫作品并独家发布在自己的平台上。

日本的动画师之所以选择进入中国企业出资的公司，无非是因为在中国市场扩大的背景下，中国公司能向他们提供更优厚的待遇。

帝国数据银行公司的饭岛大介先生负责调查动漫界的动向，他认为："因为中国的市场不断扩大，中国企业对日本的动画师求贤若渴，哪怕是日本正常年薪3倍的待遇，他们也能轻松提供，未来中国企业从日本挖走人才的力度可能会越来越大。"

事实上，彩色铅笔在对待员工方面，与日本的动漫制作公司有很大的不同。

该公司都是以正式员工的身份聘用动画师，并且给应届毕业生的待遇也比业界平均水平高，约为17.5万日元。在工作时间上，该公司正常情况下是弹性工作制，不过在业务繁忙的时候也会加班，但会相应地提供补休等补偿。此外，工作环境十分优越，还会额外发放住房和交通补贴。

彩色铅笔日本首席执行官江口文治郎先生表示："为了吸引

优秀的人才，我们把提高动画师的薪资待遇和改善工作环境摆在了首位。"

长时间的低薪劳动导致的行业窘境

这一现象的背后是日本动画师薪资过低的现实。

虽然动漫产业被称为"日本的特色产业"，但实际上动画师的工作时间长、薪资待遇低等情况随处可见。

据位于东京千代田的一般社团法人日本动画创作者协会①于2019年进行的调查显示，在日本作为正式员工工作的动画师仅占全体动画师的14%。除部分大型制作公司外，近半数以上的制作公司采取的是与自由职业者签订委托合同开展业务的模式。

动画师的平均年薪为440万日元，月平均休息日是5.4天。

另有其他调查结果显示，新人动画师的年薪约为110万日元，对自己目前的收入表示满意的动画师还不到三成，大部分动画师深陷严重的精神疲劳，担心自己年老后失去生活来源。

熟悉动漫产业的中山隆央先生就职于日宣广告公司株式会社，他批评道："动画师的薪资如果换算成时薪还不到100日元，因此有许多人为了维持生活不得不另外兼职。这是一种以梦想为诱饵让员工'为爱发电'的价值剥削。"

日本动画师的薪资如此之低，也可归因为业界结构的问题。

比如在制作动漫时，采用向制作委员会筹集资金的方式获得

---

① 日本动画创作者协会：一个旨在倡导为动画创作者提供更好的创作条件和薪资待遇的协会。

项目资金。制作委员会由出版社、广播电视台等多方构成。

如今，日本动漫产业近一半的收入来自海外市场，而动漫作品在海外市场的收入以及动漫周边产品的销售等授权收益，大多归广告代理、电视台出资成立的制作委员会所有。也就是说，即使动漫作品大受欢迎，制作公司也会因未入股制作委员会而得不到任何收益。

当然，在动漫作品众多的情况下，能够大火的作品仅是其中的极少一部分，制作委员会也承担着很大的风险，这种模式也有利于制作公司分散风险。

日宣的中山先生评价道："采用制作委员会的方式，动漫制作公司便只能制作预算范围内的作品，还得因为各参股公司对角色周边产品、音乐等看法各异，需花费较长时间沟通。"

日本的动漫行业中，制作公司不挣钱

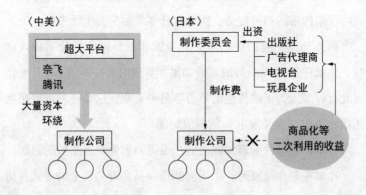

而在美国或中国制作动漫作品时，制作公司需要面对的谈判

对象只有一个。

同时，中国大平台在制作动漫时倾向于优先保证质量和作品内容，因此给制作公司的预算也十分充裕。事实上，彩色铅笔动漫公司在承接美国和中国的平台委托原画创作时，其价格是日本动漫制作公司的 2 倍。

据位于东京文京区的一般社团法人日本动画协会[①] 称，日本动漫产业的市场规模已连续 10 年增加，2019 年更是达到了25112 亿日元，差不多是 2009 年的 2 倍。其中，动漫作品《鬼灭之刃》大受好评，动画电影方面，新海诚导演执导的《天气之子》的票房收入突破了 140 亿日元。

然而，同样是在 2019 年，273 家动漫制作公司的销售额合计为 2427 亿日元，仅占整个市场规模的一成。

由此可见，尽管动漫行业欣欣向荣，但制作公司的收益却并未增加，这导致它们进一步陷入疲软状态。根据帝国数据银行的数据，日本有 270 多家动漫制作公司，其中亏损的制作公司所占的比例在 2018 年就超过了三成，刷新了历史最高纪录。不仅如此，2018 年破产、解散的制作公司也是历年来最多的。

这种情况虽然在 2019 年有所改善，但某制作公司的高管表示："目前处于制作单价持续下跌，同时人手不足、制作规模难以扩大的恶性循环中。很多公司即使仅有一人离开，也会导致公司无法承接业务，陷入亏损。"

---

① 日本动画协会：创建于 2002 年，致力于日本动画文化的推广，会员为动漫界的法人企业。

严峻的经营环境，致使动漫制作业界的发展潜力被严重削弱。

日本东京都，有一名主要负责制作原画的 40 岁男性动画师，因为公司没有办公室，所以他在自己的家中作画，公司的同事定期开车来取。他几乎没有机会和任何人接触、交流，生活无比孤独。他表示："干我们这行的人，性格会变得越来越阴郁，还有很多人因为难以维持生活而辞职。相比过去，客户开始追求更为精致的画质，这需要花费更多的时间，但每张的稿费却依然只有几百日元。由于时间安排得紧，我连学习数码绘画的时间都没有。"

这样一来，业界对动漫人才的培养可能也不尽如人意，还加剧了动画师的技术空洞化。

日本沦为中国的外包商

彩色铅笔日本首席执行官江口先生有过一段较为难堪的回忆。

"这种画质根本没法用。"

有一次，因自己公司人手不足，他们把原画制作外包给了一家日本的制作公司，结果做出来的原画被中国总公司无情地退了回来。

江口先生指出："中国企业拥有雄厚的资金实力，数字绘画设备一应俱全，因此动画品质得到了很大的提高。而日本动画制作者的恶劣待遇使得动画师难以更新设备，其制作的作品也跟不上时代，质量低下。这样下去可能会导致整个业界陷入停滞。"

现在已经出现这样的声音，中国某平台巨头表示："除了顶级的工作室以外，日本其他的制作公司价格虽然便宜但品质不佳，所以无法外包给他们做。"

根据中国招聘网站上的数据显示，杭州动画师的平均月薪为3.4062万元（约52万日元），北京的则为约3万元（约45万日元）。其中，薪资最高的是手机等设备上播放的游戏视频的动画师。因为这个行业收入很高，所以很多在中国美术大学学习过4年素描等基础技术的大学生，也会选择成为动画师。

"哔哩哔哩"网站是一个大型视频发布网站，被称为中国的"Niconico动画"①。该网站通过投资日本的动漫制作委员会，积累了丰富的日本动漫现场制作经验。同时，他们对在职业学校学习动漫制作的中国学生给予了大力的支持，使中国国产动漫的水平得到了大幅度提升。

江口先生说："以前，中国一直是日本动漫的外包商，现在情况已经发生了逆转。"

倘若日本的动漫制作技术无法得到传承，不久后连海外的订单也会消失。

"被买走的动漫"从侧面反映出了日本动漫行业存在的问题。

只有确保制作公司拥有稳定的收益，才有可能自主地进行人

---

① Niconico动画：简称N站，是日本多玩国公司营运的一个在线弹幕视频分享网站，2006年12月12日开始运营。

才培养，投资设备，从而提高生产效率。虽然动漫界的制作委员会模式有助于分散风险，但今后为制作公司建立着眼于全球竞争的利益回馈机制，也必不可少。

4

奈飞公司的制作费是日本广播协会①的5倍

　　海外的视频网站巨头从全球的会员那里获得视频观看收入，因此其视频作品的制作费本身就远超日本。

　　因此，把目光对准日本动漫公司的不仅有中国的视频网站公司，还有美国的视频播放平台。

　　位于东京都武藏野市的动画制作公司 Production I.G，是人气动漫《攻壳机动队》的制作公司。该公司于2018年与奈飞公司就数年内共同制作原创作品达成了全面合作协议。

　　据说奈飞公司提供的制作费非常充裕，日本某制作公司社长称"其预算有时会达到日本的2倍"。

　　海外公司对日本创作者的"围猎行动"，在电影、电视剧等行业早已屡见不鲜。

　　某广播电视台的知情人士透露："越来越多的日本著名分集

---

① 日本广播协会：简称 NHK，日本总务省所辖的特殊法人、公共媒体机构，旗下有数个电视及广播频道，其运营费用来自日本国会预算以及广播电视节目收听费。

导演辞去电视台、制作公司的工作，参与制作美国亚马逊等网站播出的节目。能够自由地制作节目对他们的吸引力很大。"

奈飞公司在 2019 年投入到节目制作上的费用约为 1.5 万亿日元。这一金额相当于 NHK 一年制作费的 5 倍，即使把所有主要民营广播电视台的制作费加起来，也不足以与之匹敌。

此外，奈飞公司于 2021 年 2 月宣布，将在日本支持动画制作者的培养工作。具体来说，就是奈飞与其合作的日本制作公司开办培训班，由奈飞公司负责监管并承担培训班学员的生活费和学费。学员毕业后，奈飞公司会安排他们参与制作该公司的自制动漫，可谓从学习到就业"全包"了。奈飞公司在 2021 年，含动漫作品在内，共发布了 25 部日本制作的原创作品。

腾讯也于 2020 年 11 月宣布，今后 3 年内电视剧等影像作品的制作费用将提高到之前的 2 倍，达到 1 千亿元（约 1.6 万亿日元）。

为了防止廉价造成日本文创产业的停滞，同时为了提高创作者的生产效率，日本必须重新审视被视为"行业标准"的恶劣的劳动环境。

韩国电影《寄生虫》于 2020 年获得了美国奥斯卡最佳影片奖，这是亚洲电影首次获此殊荣。

该影片的制作费约为 12 亿日元，与美国好莱坞电影相比并不高。该影片的制作公司，严格按照合同的规定向工作人员支付薪资，进行工作安排，这也引发了人们的广泛关注。

如今娱乐行业中还有很多领域残留着不良的用工习惯，如音乐会、现场活动等。为了不让"酷日本"①以幻想告终，日本首先必须确保文创产品的适当价值，并建立起回馈劳动者的相关机制。

---

① 酷日本：日本的一项国策，旨在在全球培养更多的"日本游戏迷"和"日本动漫迷"，日本政府于 2010 年 6 月在经济产业省旗下成立了专门负责此国策的"酷日本室"。

5

"外国人聚居区"的最新动向

本书在第 3 章的开头讨论了"被买走的新雪谷"。

如果日本继续这么廉价,像新雪谷那样被外国人买走的土地、企业的情况可能还会不断增加。到那时,日本人该如何与这些外国人共处呢?

为此,我走访了日本屈指可数的外国人聚集区——埼玉县川口市。

2010 年 3 月发售的某周刊杂志中,一篇以《居民中 33% 是中国人!"中国团地"①现场报道》为题的报道,主要描述了该团地内中日居民间的邻里纠纷。

报道中的"中国团地"指的就是位于川口市的"芝园团地"。

这里与著名旅游景点横滨、神户、长崎的"三大唐人街"不同,是因居民中的中国人不断增加而形成的新型"小中华

① 团地:指日本的地方政府为了缓解居住难的问题,有计划地建造的大规模建筑群。相比独栋住宅、高级公寓、公寓而言,团地的居住人口众多、邻里关系复杂,但租金较为便宜。

街"。如今，像这样位于郊区的外国人聚居区，在日本全国各地陆续出现，川口市便是其中之一。

芝园团地建成于 1978 年，是一个由 15 栋楼房组成的超大型团地。

该团地的居民一共约有 4500 人，其中一半以上是外国人。而这些外国人几乎都是中国人，只有少数来自尼泊尔、孟加拉国等。他们大多在本国企业的日本分公司或当地的日本企业工作，有的人是因为所在的公司租用该团地作为宿舍，所以才住在这里。

中国移民潮的兴起，可以追溯到 1978 年中国实施改革开放之初。20 世纪 80 年代到 90 年代，中国的留学生、就学生^①来到东京都，住进语言学校林立的新宿周边的廉价住宅中。然而，随着来日本的中国人越来越多，新宿已经无法提供足够的居住空间，加之新宿物价高涨，因此在池袋等地便形成了中国人的社区。之后，中国人呈同心圆状往外扩散，距离东京都中心约 30 分钟车程，交通方便且物价便宜、适宜居住的川口市，便成了他们的聚居区。

特别是芝园团地是都市再生机构（UR）^②开发的团地，针对外国租户没有特殊的要求，这也成为中国人选择住在这里的重要

----

① 就学生：指未拿到日本正规大学的留学资格，而通过进入日本的语言学校前往日本留学的学生。相比留学生签证，就学生签证在逗留期间、打工时间等方面会受到更多的限制。

② 都市再生机构：国土交通省管辖下的独立行政法人，主要业务内容为城市市区的整备、租赁住宅的供应支持、租赁住宅的管理等。

原因。

截至 2015 年，芝园町外国居民总人数超过了日本人，且自那之后还在持续增加。

"来日本打工的人是不是减少了？"

进入 21 世纪之后，芝园团地内居民之间的冲突变得越来越尖锐。

"中国人赶紧走！"团地内的墙壁上，曾出现过类似这样欠缺考虑的涂鸦。

本节开头提到的周刊杂志上报道的内容，便发生在这个时候的芝园团地。

2021 年 1 月，我实地探访了芝园团地。

从最近的车站步行到团地大约需要 10 分钟。离团地越近，卖中国杂货、食品的店铺就越多。进入团地后，临近道路的两旁可以看到超市、理发店和中餐馆。

团地的中心有一个大广场，当时有一位中国男子正和年幼的女儿放风筝，两个人玩得很开心。这位男子自称在东京都的一家IT 企业上班。

他说："日本的物价便宜，适宜居住。"

走在团地内，我发现擦肩而过的人们说的大多不是日语。不过，团地内的垃圾全都整齐地摆放在垃圾站内，我也没有发现类似上述报道中提到的涂鸦。"像那本周刊杂志上刊登出来的严重冲突，最近已经减少了很多。不过也不是完全没有，因为就算是日本人之间，也难免会发生邻里纠纷。"该团地自治会^①的事务局局长冈崎广树向我如此解释道。

冈崎先生在松下政经塾^②学习时，便对多元文化地区共生产生了浓厚的兴趣，并于 2013 年实地考察了芝园团地。据悉，在前一年，都市再生机构的管理事务所配备了中文翻译人员，能够较为顺畅地向中国籍居民说明居住规则，因此中日居民间极为激烈的冲突在逐渐减少。

冈崎先生真正对这里产生兴趣，是在参观团地内举行的盂兰盆舞大会的时候。

在团地中心跳舞的是年纪较大的日本人，外籍居民只是远远地围观。虽然日本居民异口同声地表示"想和外籍居民交流"，但双方的交流似乎没有任何进展。

这个疑惑在冈崎先生在心中迅速蔓延，于是 2014 年他自己也搬进了芝园团地。

当然，在当地居民看来，他也是个"外人"。

不过，通过防灾讲习会，与商业街、学生们合作举办区域活动等，冈崎先生逐渐与各色居民熟络起来。2014 年，该团地自治会中没有一个外籍干部，但到了 2019 年，9 个干部中有 3 个是外籍居民。

---

① 自治会：日本地缘团体之一，由区域内的家庭、企业组织参与，主动解决区域性课题，同时负责区域管理的自治组织。

② 松下政经塾：松下电器的创始人松下幸之助于 1979 年在神奈川县茅崎市开设的私立学校。该校以培养从政人才为主，但也有很多毕业生成了著名的企业家、研究者、教育家等。

居民多是外国人的芝园团地

　　冈崎先生解释道："'交流'说起来简单但做起来难，哪怕是住在东京都中心区高级公寓的人们，除了搬家，即使就住在隔壁也没机会见面。"

　　于是，芝园团地积极组织起了居民聚餐、中文教室、太极拳等活动，以便于邻居们相互认识。

　　冈崎先生说："芝园团地中存在着外国人和日本人的差异，年长者和年轻人的差异，以及各自观念的差异。很多人仅仅从外国人和日本人对立的角度来描述这些差异，其实从中可以看到任何人都可能会碰上的问题，即'我们应该如何跟麻烦的邻居以及陌生的邻居相处'。"

　　芝园团地的外籍居民人数，在 2020 年新冠肺炎疫情暴发前，几乎每年都在增加。而新搬进来的日本居民几乎都是年长者，在入住居民减少的情况下，外国人也成了 UR 的重要客户群。

我在芝园团地内遇到的中国男子表示："在日本生活很稳定，这一点我很喜欢。"

但他最近得知在自己故乡的企业，薪资比他工作的日本企业要高出许多。

虽然在孩子长大之前他计划留在日本，但他也表示："日本企业在全球的存在感正在下降，希望孩子以后回到中国工作，尽量多赚点钱。"他还说，"可能以后从北京、上海来日本打工的人会越来越少吧！"

正如该男子所言，未来日本是否还能继续站在地位优越的买方市场上，尚未可知。假如日本想凭借其他建设性的原因，而不是因为廉价成为外国人的"目标国家"，那么有关外国人的接受体制及生存环境的完善便必不可少。

芝园团地经历的各种纠纷，给了我们很多反思空间。

第四章

廉价日本的未来

——后疫情时代，世界会怎样发展？

国际旅游胜地——京都，如今，居然出现了 2000 日元的商务酒店

1

入境游泡沫过后

在海外看来，日本突出的廉价感带来了一个巨大的商机——"入境旅游消费"。

"日本生产的家电和化妆品不仅质量好还很便宜，真是划算。"中国游客李女士说道。她几乎每年都要来日本两到三次。

"东京、大阪、冲绳、北海道……不管去哪个地方，都能大饱眼福，吃到好吃的东西，而且都很便宜。"

据李女士说，她在北京的家中摆满了日本特产，如电饭煲、吹风机等。

2012 年第二次安倍政权上台后，在日元贬值、短期滞留签证发放条件放宽等背景下，访日外国游客数量持续上升。2013~2014 年，日本出现了"入境旅游消费"这个新词，2015 年访日外国游客急剧攀升到 1973 万人，比上一年度增加了 47%。这是时隔 45 年后，入境游客人数再次超过出境日本人的人数。

2019 年入境游客为 3188 万人，与 2018 年相比增加了 2%，入境游客在日本的旅游消费总额达到了 48000 亿日元。

"爆买"热潮背后的风险

最先受益于入境旅游消费大增的，是各大家电大卖场和百货商店。

外国游客涌入日本，大量购买号称"日本必买三大神器"的数码相机、电饭煲、手表，这种现象被人们称为"爆买"。紧随上述"三大神器"之后晋升为游客必买产品的是：化妆品、温水冲洗马桶盖以及不锈钢保温杯。每逢长假，东京银座的家电量贩店前便停满了旅游巴士，这种景象相信大家都不陌生。

游客的爆买持续了一段时间后，便把目标从消费物品转变为体验某项服务。

无论是爆买还是体验式消费，都大大支撑起了 2014 年消费税提高后国内的经济。由于人口减少等原因，日本国内个人消费一直停滞不前，因此政府也将振兴旅游业定位为发展战略的支柱之一。

对于游客的爆买行为，日本媒体异口同声地表示："这说明日本的产品很受欢迎。"

当时我正好负责家电量贩店行业的采访工作，家电行业某巨头的一位高管的喃喃自语，令我至今记忆犹新。他一边看着挤满外国游客的免税专柜，一边说道："这种人气无非是因为商品廉价，他们感受到的实惠，远远大于日元贬值所带来的物价差距。想想看，日本人是否也能以同样的价格，在海外买到同等档次的商品?"

这正是购买力转变的具体表现。

该高管继续说道:"过度依赖入境游客,会导致日本更容易受国际形势的影响。这也是日本面临的风险之一。"

如今,这位高管当时感受到的"危机"真的应验了。

2020年年初新冠肺炎疫情肆意蔓延,之后全国所有曾因入境游客而热闹非凡的地方全部随之一变。

观光厅①公布的资料显示,2020年1~3月,访日外国游客人数约为400万人,比去年同期减少了一半。入境游客消费额也仅为0.7万亿日元,同2019年相比减少了四成。2020年4月之后,入境游客基本上尽数消失了。

在国内生产总值中,入境旅游消费计入"出口"类,其2019年的金额为4.8万亿日元,相当于名义GDP的1%。换言之,如果新冠肺炎疫情继续下去,日本的GDP将会蒸发掉约1%。

然而,疫情的影响远不止于此,受到最严重的冲击的,是此前因入境旅游消费而生意爆火的中小企业,它们陷入了严重的经营危机。

而且,很多征兆已经出现了。

东京商工调查的数据显示,2020年日本有7773家企业倒闭,负债总额超过1000万日元。其中2596家是餐饮业、住宿业

---

① 观光厅:设立于2008年10月,是日本国土交通省所管辖的一个组织,目的是推动旅游相关的各项措施,以实现"观光立国"。

等受入境外国游客的消失以及因疫情民众外出受限等影响较大的行业。

日本对入境旅游消费的过度依赖，隐藏着极大的风险，新冠肺炎疫情的暴发直接暴露了这一风险。因此，政府有必要考虑疫情结束后世界的动向，重新思考如何制定观光政策。

当然，在国内人口不断减少的背景下，扩大入境游客规模作为政府观光立国的一项经济政策，是非常重要的。然而，日本近年来的入境游客数量虽然急剧上升，但相比其他发达国家还是很少。比如，入境游客人数全球排名第一的法国，在 2019 年约有9000 万游客。这些入境游客，每年给法国旅游业带来约 21 万亿日元的收入。因此，在新冠肺炎疫情暴发后，法国政府对旅游业给予了重点支持。

日本也应该考虑向入境游客中的富裕阶层征收住宿税并提供高端服务，同时必须避免日元贬值泡沫及商品"低价甩卖"潮的再次出现。

对英国人而言"最便宜的目的地"

我曾读到一个报道，可以证明访日外国游客之所以不断增加，是因为日本的物价便宜。

英国《每日邮报》于 2020 年 1 月刊登了一则题为《去哪儿度假你的体重涨得最快》的报道，文中列举了几个推荐的旅游目的地，其中对日本的介绍是这样的："多年的经济低迷后，东京变得极有魅力。这个日本的首都城市，物价下降了 13%。"

接着，该报道就"对英国游客而言最便宜的 10 个地方"，列举了越南、保加利亚等 10 个国家和地区的旅游胜地，并对 1 杯咖啡、1 杯啤酒、1 支防晒霜、1 顿西式完整晚餐等 8 个商品的价格进行了比较。结果显示，日本东京的总费用为 48.21 英镑（约 7000 日元），紧跟在保加利亚阳光海滩^①的 30.60 英镑（约 4500 日元）和土耳其马尔马里斯^②的 44.15 英镑（约 6400 日元）之后，位列第三。

对于日本，该报道继续介绍道："在名单中的 10 个国家和地区中，日本是长距离旅游中最便宜的地方。"

令我惊讶的是，和印度尼西亚巴厘岛的 61.43 英镑（约 8900 日元）和越南会安的 59.49 英镑（约 8600 日元）相比，东京居然更便宜。这可能是由于，这两个地方欧美游客较多，所以当地向游客设定了较高的价格。换言之，东京并没有像其他地方那样针对游客提高物价。

对于这样的现实，我们也应该接受。

---

① 阳光海滩：保加利亚黑海沿岸的沙滩，欧洲最便宜的海滩旅游地之一。

② 马尔马里斯：土耳其的海滨城市，爱琴海岸"蓝色之旅"的起点。

2
从酒店看"双重价格"

由于入境游客带来的经济泡沫，以海外富裕阶层为目标客户的酒店、餐饮都走起了高端路线，于是国内随处可见"双重价格"。

所谓双重价格，是指在同一个日本，廉价和"高价"并存的现象。

新雪谷 3000 日元一碗的拉面，便是一个很好的例子。

对于落后于世界发展脚步的日本，我进行了一番探索。

2019 年 9 月，东京虎之门的老字号酒店"大仓东京酒店"经过 4 年的重修再次开业。

酒店重开后被命名为"遗产"，大厅采用沉稳的木纹风格，通过插花将日本元素点缀其中。新冠肺炎疫情暴发前，入住酒店的多为欧美游客与日本的年长者。

酒店重新开业之初，平均一晚的住宿价格约为 7 万日元，是原来的 3 倍左右。

即便如此，大仓酒店的高管却强调："与东京同等水平的全球其他城市相比，我们的价格绝对不算贵。"酒店所有的客房都配有管家，并配备蒸汽浴室，房间在设计时便保证了客人入住时无须与他人碰面。该高管称，这么做是因为酒店的目标客群是"重视个人隐私的日本人，以及欧美的富裕阶层"。事实上，在该酒店重新开业后不久，来自马来西亚的30岁的乔维先生因为出差便在此住了一晚。他笑着说："这里的夜景、服务都是一流的，虽然费用差不多要8万日元，但我觉得很便宜。"

廉价日本的另一个问题，便是高端酒店数量太少。

按照美国《福布斯》杂志2019年的评级，纽约有10家五星级酒店，伦敦有12家，而东京仅有4家。

与此相对，澳大利亚的智库2thinknow数据创新机构于2019

东京酒店的平均客房单价较低

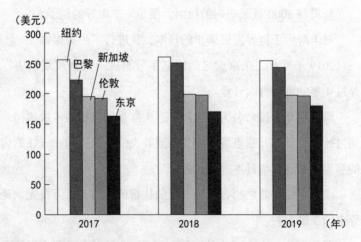

（来源）英国调查公司信达集团2021年统计数据。

年公布的"全球创新型城市排名"中，东京却位列第二。由此可见，尽管东京是世界公认的、以旅游业为支柱产业的国际化都市，但其所拥有的酒店却离"国际水准"相去甚远。

根据熟悉酒店行业的英国调查公司信达集团 2021 年的统计数据，2019 年东京酒店的平均客房单价为 179.84 美元（约18500 日元），比纽约的 254.08 美元（约 26000 日元）低了约三成。不仅如此，相比伦敦的 196.05 美元（约 20000 日元）、新加坡的 197.28 美元（约 20300 日元）、巴黎的 242.93 美元（约25000 日元）等城市也便宜许多。

"日本缺少世界一流的酒店。"

2019 年年底，时任官房长官①的前首相菅义伟试图打破这一现状，他利用财政投资融资，计划在日本新设 50 家世界一流的酒店。由于"不想住廉价酒店"的海外游客也在增加，因此世界顶级酒店品牌也都不约而同地瞄准了东京。

然而，东京现有的五星级酒店的价格，相比海外同等水平的酒店也有很大的差距。

比如，新冠肺炎疫情暴发前的 2019 年 12 月，在伦敦的五星级酒店预订一间 50 平方米的国王床客房，两个成人入住需要约17 万日元。

而在东京，入住同等条件的酒店仅需 7 万日元左右。

换言之，即使是东京的高端酒店，相较于与东京同等水平的

---

① 官房长官：相当于日本政府秘书长。

其他海外城市，价格也不高。

面向入境游客价格较高，面向日本人价格较低

不过，前来大仓东京酒店迎接外籍友人的一位 40 岁的日本男性公司职员却表示："在国内出差或者和家人一起旅游的话，我最多住 1 万日元的酒店。7 万日元一晚的酒店对我们而言，可望而不可即。"

在全国经营酒店的某房地产巨头也表示："高端酒店是面向外籍人士的，日本人不在我们的目标客户之列。"

事实上，距离大仓东京酒店步行约 15 分钟，就能见到一家商务连锁酒店。

该连锁酒店在日本商务人士中颇有人气，2020 年 3 月下旬，它的 11 平方米的客房的预订价格为每晚 5640 日元，比大仓酒店便宜近九成。如果两人共住一间的话，有时人均仅需约 3250 日元①。

在日本，面向入境游客的高价与面向日本人的低价之间差距很大。

这正是东京的酒店价格所反映出的"双重价格"现象。

此外，当同一种商品供应量突然大增时，也会导致该类商品出现"价格跳水"。

这种迹象已经出现在日本的另一个国际化都市——京都。

---

① 日本的酒店价格会因入住人数不同而略有差异。

"京都更便宜。"

大约从两年前开始我便经常听到这句话。

要说京都什么便宜，那一定是酒店。我有一个以京都为题材的摄影师朋友，他说："京都有的商务酒店每天只要2000日元。"

我听到后一时难以相信，真的有这么廉价的酒店吗？实际情况究竟如何呢？

带着这些疑问，我在2020年10月奔赴京都，准备一探究竟。

首先，在预订酒店的时候，新干线和酒店的套餐价格便令我颇为震惊。新干线往返车票加上酒店的住宿费用，竟然只需要24400日元。

这个套餐的价格甚至低于新干线正常的往返票价。而且，套餐内的酒店也并非多人同住一间的青年旅社类型，而是有双人床、淋浴、卫生间的正常商务酒店。那段时间，正好赶上政府推出了刺激旅游消费需求的"Go To Travel"（去旅游吧）活动，我的这趟旅行最终只花费了15860日元。

从京都中心的四条站步行7分钟，在即将进入一条古老民宅林立的胡同时，有一个以黑色为主调的酒店建筑，让人不由得联想到过去的町家①，这里便是威斯特高贵酒店京都和邸店。

在酒店的大堂能看到漂亮的庭院，大堂内的灯光沉稳而时

---

① 町家：指日本过去商人居住的住宅。

疫情期间连京都市也见不到多少行人

尚，还提供坐着办理入住的服务，这对双脚走累了的游客来说非常难得。

当时正值东京站被列为"Go To Travel"优惠对象的首个周末，我原本以为酒店会人满为患，结果却很安静，几乎没什么客人。

"'Go To Travel'活动对高端酒店来说有促进作用，因为大家都觉得很划算，但像我们这种中等价位的酒店，预订量远低于预期。"该酒店的经理沟口一宪叹息道。

受新冠肺炎疫情的影响，该酒店 1~8 月的平均入住率为 40% 上下，10 月份的入住率也并无多大的变化。

但是，该酒店客房的平均单价仅为 7200 日元，相比 2018 年开业时的价格 14000 日元下跌了近一半。

　　不过，该酒店的价格之所以下跌，不单是由于疫情的影响。早在 2019 年，该酒店的价格就已经跌到了 12500 日元。

　　究其原因，是京都市内的酒店供应量持续大增的缘故。

这么清洁宽敞的酒店，却在新冠肺炎疫情暴发前就已经变得廉价了

根据京都市的数据，2014~2017 年来访京都的外国人开始增加后，市内主要酒店的年平均入住率均保持在 90% 以上。因此，京都市产业观光局表示，当日"想在京都住宿的游客，很难预约到酒店"。在京都市对游客的问卷调查中，受访者回答"想住但没地方住"的比例也超过了一成。

为了增加优质住宿设施，该市于 2017 年出台了"京都市住宿设施扩充与引进方针"，同时放宽了对酒店选址的限制，为酒店开业提供支持。

于是，京都市的住宿客房数量，从 2015 年 3 月底的 29189 间，增加到了 2020 年 3 月底的 53471 间，实际增长到了原来的 1.8 倍。

供应量突然大增，带来的后果便是酒店间价格战加剧，客房价格跳水。

和邸店正是在 2018 年 8 月，也就是在这波开业高峰期开业的，当时的客房价格是 14000 日元，但到了第 2 年就下调了 1500 日元。

随着入境游客的增加，位于繁华大街的威斯特高贵酒店河原町通店客房价格每年上涨 1500 日元，但在 2017 年达到历史最高水平的 14500 日元后便开始下跌，2018 年和 2019 年分别下降到了 14000 日元和 12500 日元。

任职于某酒店的沟口经理称："不惜降低客房单价也要保证入住率，酒店的方针一贯如此。从 2018 年左右开始，一整年间京都市几乎到处都在举行酒店的开业活动。要和这些新开的酒店竞争只有降价一条路。"随着酒店间竞争加剧，客房价格迎来大跳水。

据沟口经理介绍，附近与他们同等价位的酒店仅在 2019 年便增加了约 30 家，共计增加了约 5000 间客房，预计 2020~2025 年还会新增 4500 间客房。

特别是由于京都车站附近开了多家大型酒店，流向京都市中心酒店的游客变少了。

沟口经理说道："车站附近的酒店，对于初到京都的人而言非常方便，旅行社也容易推荐给游客。因此，车站附近的酒店的入住率往往会高出 10 个百分点，中心区的酒店因为价格竞争，单价会比他们便宜 1000 日元。但车站附近的酒店都是大型酒店，他们为了提高入住率，经常把房价设得很低。"京都的酒店之间，便这样形成了恶性循环。

因供过于求而价格跳水的京都

在这样的情况下，遭遇新冠肺炎疫情的冲击，对京都的酒店行业而言无疑是雪上加霜。

一位京都市的酒店相关人士表示，自己在 2020 年 9 月发现附近的酒店给出了极具冲击性的低价，19 平方米带淋浴间、卫生间的房型，"2 人入住仅 2520 日元"。

当时，同样的房型，他们的价格为 5200 日元，其他酒店最低也就降到 4500 日元左右。

他还表示："居然跌到人均 1260 日元的地步，当时真的惊讶得说不出话来。"

据悉，附近有一家 2 月份开业的酒店，4 月份就处于停业状况，之后便悄无声息地倒闭了。

"疫情前还算好的，通过降价还能确保入住率。"

但如今却行不通了。某商务连锁酒店 2020 年上半年的收益，仅为 2019 年同期的三成左右，出现了巨额亏损。

京都市观光协会①表示："近来增加的不仅仅是廉价酒店，还有外资高端酒店品牌。引发价格战的原因是同等价位的酒店同时大量出现。"

京都市观光协会还透露："对酒店而言，在一次性消耗品（如肥皂、牙刷等）、餐饮、组织旅游团等方面下功夫，以实现地理位置以外的差别化变得更为重要了。"

京都政府的人员表示："相比限制新酒店入市，制订一个能够筛选出优质酒店运营企业的指导方针，才是解决之道。"

事实上，京都市已经制定了一项制度，对积极与当地开展交流、卫生方面表现突出的酒店予以表彰。

这位政府人员还表示："我们不想打造一个廉价城市的形象。不过，对于消费者而言，如果既有高端酒店也有低端酒店，可以扩大他们的选择范围，也是件好事。即使他们住在低端的酒店，也可以通过餐饮、购物等进行消费。我们不希望消费呈现两极分化，而是希望消费者综合性地消费，给京都带来整体的消费

---

① 京都市观光协会：京都市区唯一一个以促进观光为目的的公益社团组织。

收入。"

然而，2021年京都的商务酒店的价格已经降到了2520日元，商务酒店的价格跳水很可能会导致旅馆、民宿大规模倒闭。这位政府人员透露："新的大型酒店还在不断增加，但旅馆等低端住宿设施的客房数却在减少。"积极投资大城市酒店的某投资法人近来也转让了其旗下位于京都市的酒店。因为该酒店2020年9月的平均客房单价仅为9213日元，相比2016年同期跌了近20%。

倘若不提高附加价值并改变赛道，且不说面向入境游客的高端酒店，面向日本国内的价格也只会越来越低。

3

日本手机资费的降价压力

2021 年 1 月 13 日，新年的气氛尚未消散，KDDI[①] 便宣布下调手机资费。

具体包括：调低 20GB 流量包的资费，高速通信标准" 5G"不限流量套餐降价约两成等。

早在 2020 年 12 月，通信行业龙头 NTT 都科摩[②] 和软银[③] 便已经宣布了类似的降价政策。KDDI 的加入，意味着日本通信行业三大巨头的降价政策均已出炉。

近几年，这 3 家公司一直面临着巨大的降价压力。

事情的缘由还要从 2015 年说起。

---

① KDDI：日本从事通信服务的大型通信运营商之一。由第二电电（DDI）、国际电报电话（KDD）、日本移动通信（IDO）三家公司于 2000 年 10 月合并而成。

② NTT 都科摩：日本领先的移动通信公司，也是全球最早推出 3G 的公司。

③ 软银：母公司为日本著名的风险投资公司软银集团。软银集团于 2005 年收购了日本第三大固网供应商日本电信，成为日本电信行业龙头企业之一。

已故前首相安倍晋三在当时的经济财政咨询会议上指出："减轻国民的家庭负担如手机费用等，是一项艰巨的任务。"随着智能手机的普及，手机费用在民众家庭消费支出中所占的比重一直在上升。

"手机资费，还有下调四成的空间。"

前首相菅义伟在其担任官房长官期间，特别是从 2018 年左右开始，也屡次提出这样的下调手机资费的要求。

不仅如此，据总务省于 2020 年 6 月公布的一组调查数据显示，在巴黎和伦敦等 6 个大城市中，同年 3 月份东京的 20GB 流量包的价格最高是 8175 日元。因此，手机资费被认为是廉价日本中的"高价日本"。

不同地区的手机资费金额

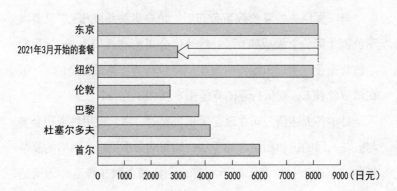

（来源）日本总务省。

（注）对各大城市中市场占有率第一的运营商所提供的，相当于"语音每月 65 分钟、短信每月 108 条、流量每月 20GB"的套餐进行的比较，含税价格。2021 年 3 月开始的套餐为拨打一次 5 分钟以内的电话免费，不含税。

随后，菅政权于 2020 年 9 月上台，政府与各大通信公司之间的较量愈演愈烈。

"听说在年底前必须给出回复。"

"那家公司可能会最先宣布降价。"

各大媒体的采访大战也趋近白热化，当时连续好几天，在企业当事人、相关人士等之间流传着各个版本的传闻。

同年 10 月，KDDI 和软银率先下调了各自的低端套餐"UQ Mobile"和"Y Mobile"① 的资费，但用户切换到这些套餐时需要缴纳一定金额的手续费。因此，被田良太总务大臣批评"毫无意义"。于是，才有了这次岁末年初期间，各大通信公司接连宣布下调主打品牌资费的情况。

"手机资费又不是官方定价。"自 2020 年秋季以来，各大通信公司的相关人员便怨声载道。

当三大巨头的降价政策公布后，消费者纷纷吐槽："只要做不就能（降价）做成嘛！"虽然通信公司的高管们主张："我们是民营企业，通过市场竞争发生的降价行为才是最健全的。"但在消费者看来，通信行业的竞争根本就"不充分"。

日本各大通信公司在设定手机资费时，惯常使用将资费套餐与五花八门的折扣相结合的手法，如与购买手机进行捆绑的复杂折扣、家庭折扣以及限期折扣等，令消费者眼花缭乱、无所适

---

① UQ Mobile 和 Y Mobile：日本 KDDI 和软银的低价套餐。日本的手机卡和手机大多是捆绑销售的，消费者在购买手机时需要和运营商签订通信套餐合同，在合同到期前解约需要支付违约金。

从。因而，消费者原本就对移动运营商充满了不信任。

通信行业之所以能一直保持高资费，且该行业特有的不良惯用手法能持续存在，其背后是上述三大巨头一直以来对通信市场的垄断。

庆应义塾大学研究生院的研究员茂垣昌宏指出："当初软银刚入市时，曾推出过许多大胆的措施，引发了通信行业的大地震。然而近年来，在该行业默认设定同等的资费水平，已然成了惯例。"自 2013 年软银收购市场占有率第四的 eAccess^① 公司已经过去了 7 年，通信行业已形成 NTT 都可摩、KDDI 和软银三寡头垄断的局面。一般而言，某个行业如果由 3 家公司垄断的话，则每家公司的市场占有率均会超过 20%，市场竞争便很难再发挥作用。

因此，在保持四寡头体制的美国，T-Mobile US^② 和 Sprint^③ 的并购计划才会拖延了 6 年之久。在法国，某巨头企业也在 2012 年以全新的品牌进入通信行业，通过形成四寡头体制来促进该行业的价格竞争。

反观日本的通信行业，由于长期处于三寡头垄断的局面，致使消费者的负担越来越重。

2020 年 11 月，《日本经济新闻》和洞察技术公司面向约 1

---

① eAccess：日本一家通话及宽带服务提供商。

② T-Mobile US：是德国电信的美国子公司，是全球最大的移动运营商之一。

③ Sprint：美国移动运营商巨头，2020 年 4 月被 T-Mobile US 并购。

万名消费者开展了一项问卷调查，其中近七成的受访者回答现行的手机套餐价格"贵"。而关于手机资费要下调多少才会觉得价格真的下降了，有34%的受访者回答降"三成"，14%的受访者回答降"四成"，回答降"一半以上"的受访者占29%。从受访者的回答中，同样也反映出了消费者的低价偏好。

也可认为，由于消费者的收入未曾增加，他们才会觉得手机通信费的负担越来越重。熟悉移动通信行业的MM总研①的董事表示："与其他国家和地区的持续通货膨胀不同，日本是持续的通货紧缩。在这样的情况下，随着社会的信息化进程加快，每个人消耗的手机数据流量持续增加，因而导致家庭开支增大，这是再自然不过的事情。"

根据总务省的家庭收支调查显示，在2019年2人以上家庭的消费支出中，手机通信费的占比约为4%。

如今，日本人几乎人手一台智能手机，由于人们都喜欢使用应用程序发布照片、观看视频等，因此每个人消耗的手机数据流量也在持续增加。然而，日本人的可支配收入却没有得到大幅提高，这才导致日本人的家庭负担越来越重。

当然，消费者如果觉得负担过重，也可以选择虚拟移动通信运营商MVNO②提供的廉价智能手机。然而，在该调查问卷的受

---

① MM总研：日本的一家综合研究机构。

② MVNO：日本的虚拟移动通信运营商，是指依托软银等传统移动运营商的网络，冠以自己的运营商品牌，面向用户推出自己的通信服务的运营商。

访者中，有 7000 人使用的是都可摩、au[1]、软银等大品牌的手机套餐，而且其中 75% 的受访者表示："暂时没有更换成廉价智能手机的计划。"由此可见，消费者对更换成 MVNO 表现得较为消极。

一位 42 岁的男性公司职员表示："虽然我觉得都可摩很贵，但不知为何就这么一直在使用，我也没有空闲时间去办理那么烦琐的手续。"这可能也是众多消费者的想法。

我认为，不仅各大通信公司需要下调更换手机套餐的手续费，简化更换流程以便减轻消费者的负担，降低更换手机套餐以及手机的门槛，同时消费者也应该积极地搜寻更适合自己的手机资费套餐。

不过，三大运营商和乐天移动[2]的这种大幅度的降价，也给通信行业留下了不少的隐患。

由于 MVNO 的"超低价格"优势不复存在，他们将不可避免地陷入关乎生死存亡的消耗战。换言之，政府原本的设定是："通过第四极（乐天移动）、MVNO 引发市场竞争，进而迫使三大巨头提高服务质量并下调资费。"但这可能无法继续下去。

居住在伦敦的日本企业派驻人员表示："英国的手机通信费虽然很低，但是只要坐进地铁就没有信号了。"相较而言，日本的移动通信质量在全球来说也是首屈一指的，完全不会出现这

---

[1] au：KDDI 运营的移动电话网络品牌。
[2] 乐天移动：日本第四大移动通信运营商，曾为虚拟运营商（MVNO）之一，于 2019 年 10 月转为实体运营商。

样的问题。因此，我们亦有必要讨论符合日本通信品质的适宜价格。

特别是5G，虽然5G的商用服务在2020年春季才刚刚推出，但各大运营商都已决定下调资费，其中降幅最大的套餐达到了两成。但各大运营商今后需要大量建设基站等，新增设备的投资规模将达数万亿日元。因此，我们必须避免因通信运营商下调手机资费导致该行业设备投资受阻，致使通信行业基础设施落后于国际水平。

中央大学教授实积寿也表示："商品的降价如果不是源自市场竞争，则不具有持续性。"

但另一方面，由于各大运营商开展企业活动时所依托的是社会公共财产——电波，因此如果该行业因寡头垄断而导致市场竞争持续停滞，市场结构难以形成自由入市、竞争的机制，那来自政府的干预将是不可避免的。

如今，我们已迈入5G时代，未来人们使用的手机数据流量定然会继续增加。不仅政府和企业需要竭力提高民众的收入，通信行业巨头们也必须推出含高质量通信在内的，民众易于理解、接受的服务。

日本的通信行业不应只局限于价格竞争，而是到了应该从根本上思考行业存在方式的时候了。

4

水产企业的未来

BNP 巴黎银行证券的首席经济学家河野龙太郎不无担忧地表示:"廉价日本如果继续下去,总有一天大家会连原本的平民之友生鱼片也吃不起。"

真的会有这一天吗?

根据水产厅①的年度报告《水产白皮书》的数据,"买不起"这个词成为热门话题是 2003 年左右的事情。

正是从那个时候开始,欧美和亚洲民众的健康意识突然高涨,人们对日本料理热烈追捧,对日本料理中的高级食材——鱼类的需求激增。结果导致全球水产品交易价格暴涨,日本企业在国际采购竞争中出不起高价,自那以后便无法按需求进口足够的鱼类。

2006~2007 年,日本媒体便开始报道此类情况。但时至今

---

① 水产厅:日本农林水产省下面的一个组织,负责保护培养水产资源、协调渔业、增进、改善、调整水产品的生产、流通和消费,以及其他有关改善水产业发展的事务。

日，日本无法跟上国际行情的状况并未改变。

据水产巨头玛鲁哈日鲁 ① 称，从 2003 年到 2017 年，国际水产品价格上涨了约六成。这都是全世界对水产品的需求在持续上升的缘故。

根据水产厅的调查，2018 年全球捕捞到的水产品中，野生水产品约为 9800 万吨，养殖水产品约为 1.115 亿吨，合计约 2亿吨。其中食用水产品为 1.5 亿吨。据粗略统计，地球上的总人口为 76 亿人，人均水产品消费超过 20 千克，总人口的水产消费量为 1.5 亿吨，基本上与供给量持平。

全球人均水产品消费量在过去半个世纪增长了 1 倍。这不只是因为发达国家兴起的日本料理热潮，还因为鱼类的高蛋白质广受世界各地的好评，所以中产阶层收入增加的新兴国家对水产品的需求也在持续上升。水产厅表示："随着生活水平的提高，中国的水产品消费量增长到了过去的 9 倍左右，印度尼西亚也增长到了过去的 4 倍左右。"

但另一方面，日本的水产品消费量却在持续减少。

"这么贵的价格，竟然有这么多人购买……"

玛鲁哈日鲁公司的一位高管，此前在中国四川省成都市的一家大卖场实地考察时，简直不敢相信自己的眼睛。

成都是位于中国内陆地区的一个城市，在当地超市宽敞的水

---

① 玛鲁哈日鲁：日本的综合食品企业、最大的水产品企业。由 1880年创业的玛鲁哈和 1907 年创立的日鲁公司于 2007 年合并而成。

不同国家的海鲜消费量变化情况

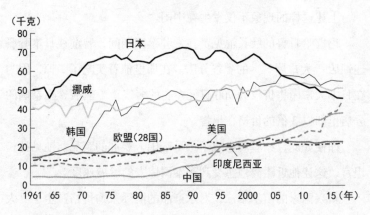

（来源）水产厅。

（注）每人每年海鲜消费量的变化，按消费总量计算（不剔除鱼头、内脏等）。

产品售卖区内，陈列着大量昂贵的白肉鱼——"银鳕鱼"[①]。银鳕鱼，过去在日本被称为"银鲮"，它的油脂丰富，适合酱煮、炖煮，同时也适合西式烹饪。近年来，银鳕鱼在美国和中国的人气持续高涨，在20世纪90年代，它的国际行情仅为每千克3美元左右，而到了2019年左右已上涨到了35美元左右，成为名副其实的高档鱼类。

然而，如此高档的银鳕鱼却陈列在了中国内地的一家超市内，并且将它们放入购物车后走向收银台的人还不少。

通过这一现象，我们可以清晰地看到中国中产阶层的壮大。

---

① 银鳕鱼：黑鲉科裸盖鱼属鱼类，学名裸盖鱼，主要分布在北太平洋两侧，包括日本海北部、白令海等。

全球消费量激增，只有日本不断下降

上述这样的现象不仅发生在中国。

玛鲁哈日鲁的社长池见贤在常驻泰国期间，曾前往日本套餐连锁店"大户屋"①的曼谷分店。在那里他着实吃了一惊，因为在日本大户屋售价仅为 900 日元左右的多线鱼②套餐，在泰国的分店里却以 3 倍的价格在出售。

即便如此，该套餐也成了最受泰国人欢迎的菜品。池见社长坦言，这让他近距离地感受到了泰国惊人的发展速度。

新兴国家的需求暴涨，对水产品的国际采购价格产生了巨大的影响。

池见社长解释道："即使价格很高，海外的消费者也愿意花钱买，但日本的消费者却一味追求廉价的商品。由于消费者拒绝为高价水产品买单，甚至宁愿选择不吃鱼，因此日本企业逐渐买不起国际市场上的水产品了。"

比如，三文鱼、龙虾、章鱼的价格在这几年一路飙升。

三文鱼曾连续 9 年稳居回转寿司食材的首位，其人气不可动摇。

直到 2010 年左右，挪威产三文鱼的进口价格都一直保持在每千克 700 日元左右，但到 2019 年却上涨了约三成，达到了每千克 1037 日元。

---

① 大户屋：日本一家创业于 1958 年的大型套餐连锁店。

② 全名远东多线鱼：又名日本黄鱼，六线鱼科多线鱼属的一种温带海水鱼。

这是由于过去并不适应生食三文鱼肉的亚洲人，他们的胃已经彻底被三文鱼征服了。

如今，亚洲各国纷纷推出面向年轻人的三文鱼菜品，如越南用香菜包裹三文鱼代替虾仁的生春卷；泰国拌上鱼露的辛辣沙拉"三文鱼沙拉"。而在马来西亚，"春节"年宴中，三文鱼拼盘则占据了餐桌正中央的位置。在中国，三文鱼除了作为开胃菜食用，寿司店里也都是清一色的粉红色（三文鱼的颜色）。

家住上海 30 岁的梢女士说："我很喜欢三文鱼醇厚的油脂，有时就只要三文鱼，吃完就回家。"

新兴国家如此猛烈的消费势头，使得三文鱼的国际行情水涨船高。

玛鲁哈日鲁公司统管水产部门的粟山治专务对此危机感十足，他表示："炙烤大西洋三文鱼这种西式做法也在美国等地流行起来，如果三文鱼在全球范围内进一步普及的话，日本人很有可能再也买不起三文鱼了。"

章鱼也是如此。原本吃章鱼的只有南欧人，但后来食用人群逐渐扩大到了整个欧洲以及美国。章鱼的进口价格在 2000 年为每千克 335 日元，但是从 2018 年开始突破了 1000 日元。章鱼在欧洲的行情，自 2014 年开始至今，6 年间上涨了近五成。

受到价格暴涨以及需求减少等因素影响，日本章鱼的进口量已经从 2000 年左右的 11 万吨，减少到了 2018 年以后的 3 万吨左右。

"要是章鱼也在中国受欢迎起来，不知道会变成什么样子⋯⋯"粟山专务对此担忧不已。

为了弥补因买不起造成的水产品供应量减少，该公司采取的对策是大力推行水产品的完全养殖。

比如在一般情况下，金枪鱼的养殖是从野生金枪鱼的幼鱼开始饲养的，而完全养殖则是从鱼卵孵化开始，因此完全不需要依靠自然资源。但由于完全养殖的喂养时期要长一年，因此花费的人工成本、饲料费用等都比较高。在欧洲，类似这样的可持续经营策略，可以增加产品的附加价值，完全养殖的水产品能够以高价出售。

然而，池见社长说道："在日本虽然人们也认为这是'很了不起的'事情，但多数时候高价的完全养殖水产品却完全卖不动。日本市场也应该导入类似的环保意识，使消费者愿意支付完全养殖所带来的附加价值。"

新冠肺炎疫情的暴发，同样也给水产品行业蒙上了一层阴影。

近年来，日本的餐饮行业大量采购水产品，提供给入境游客。某量贩巨头透露，但是随着入境游客需求的消失，这些多出来的高档鱼类，开始大量在超市以"目前为止从未想过的低价"出售。

据悉，这种情况也出现在了美国。

本节开头提到的高档鱼类银鳕鱼，在美国的餐厅里曾一度卖到60~70美元（约6100~7200日元），但受疫情影响，餐厅被勒令暂停营业，于是银鳕鱼的国际行情从原来的35美元（约3600

日元）暴跌到了 17 美元左右（约 1700 日元）。

目前，全世界的鱼类价格都在下跌，而各个地方对此的反应却并不一样。

粟山专务说道："即便如此，日本人却连 17 美元都出不起，顶多能出 12~13 美元（约 1200~1300 日元）吧。"

5
廉价引发的弊端

到目前为止，本书介绍了各类廉价的商品、服务及问题点。

就算介绍了这么多，可能还是会有人认为："即使工资低一些，只要物价够便宜，在日本也是很容易生存的。这有什么不好吗？"

的确如此，如果与物价相比个人的收入足够高的话，人们就能过上心满意足的生活。廉价并不一定会导致贫穷，也并不一定等同于贫困。

但哥伦比亚大学的伊藤隆敏教授却给我们敲响了警钟："日本的廉价迟早会演变为一个大问题，对日本形成冲击。"

伊藤教授之所以有这样的主张，有如下几个理由：

第一，从个人层面看。海外奢侈品牌包、名酒、名画等，这些在国际上以一物一价模式成立的奢侈品，对日本人而言将变得高不可攀。

由于住宿费、交通费过高，日本人也无法频繁前往海外旅游。换言之，现在欧美、亚洲其他国家的人们能常来日本享受长期的度假和购物的乐趣，日本人却不能随心所欲地去他们那里享受同样的快乐。

第二，人才流失令人担心。

如果日本企业相比海外企业缺少高薪岗位的话，那么懂英语、能力强的日本人会为了追求更高的收入而流出日本，进入海外企业。或许还会有日本企业为了吸引优秀人才而将公司迁往海外。

第三，无法培养出人才。

日本的年轻人即使想寻求发展，也会因为难以支付海外大学的高昂学费而无法去留学。因此，不会英语、能力差的人，只能从事外国人以低薪雇用的职业。

第四，未来能够站在国际舞台上大展身手的日本人才越来越少。

日本人将无法获得全球企业以及国际机构中的高层职位。甚至连日本企业中的高层也将被外国人垄断，日本人逐渐沦为普通劳动者，而外籍高管的薪资收入则会流失到海外，进一步加剧日本的贫困。如此一来，日本企业将没有余力代表日本向海外提供援助。从国家层面看，自卫队用于防卫的装备也将变得落后。

这些可能会从根本上削弱日本的发展潜力。

6

后疫情时代，日本的廉价是否会改变

新冠肺炎疫情导致的经济萎缩，表现在两个方面：一是需求的抑制，这是政府为了防止病毒扩散，要求民众克制外出就餐、旅游等经济活动导致的；二是供应量的萎缩，这是由于供应链的断裂导致的供给量下降。

总的来说，需求下降对经济的影响更大，会使物价下跌。当然，由于远程办公的普及和民众宅家的时间变多，也有因需求增加而价格上涨的物品，如电脑、平板电脑、游戏设备相关产品、外卖产品等。

不过，这种"因需求下降导致的物价下跌"，同时也发生在欧美、亚洲的新兴国家。因此，哥伦比亚大学的伊藤教授说："相对而言，'日本的廉价'并不会改变。"

此外，对于今后日本的廉价，还有以下观点：

第一生命经济研究所经济学家永滨先生认为："在后疫情时代，也许会出现服务价格下跌与商品价格上涨这种两极分化加剧的情况。"

商品的价格上涨，是因为有的企业为了防止供应链断裂，而将生产基地搬回国内。这样的商品中，有一部分的价格已经上涨了。

经济学家永滨先生评价道："即便如此，日本的廉价也只不过是从'过于廉价'变成了'稍微廉价'而已。"因为日本相比海外，物价下行压力更大。

海外由于持续的通货膨胀，商品的价格容易上涨，这意味着货币容易贬值。而日本的物价很难上升，因此货币很难贬值。于是，在货币的兑换比例和汇率上很容易出现日元升值，由此可能会导致生产基地的空心化。

这完全是一个负螺旋。

7

国家、企业、个人应该做些什么？

2021 年 2 月，美国视频网站巨头奈飞公司在日本大幅度提高会员价格，最大涨幅达到了 13%。

在日本的大多数竞争对手保持价格不变的情况下，该公司主打的会员价格却从每月 1320 日元涨到了 1490 日元，与美国的同类会员价格不相上下。

奈飞公司在全球的用户超过 2 亿，公司注重原创内容的制作，会定期提高其在全球范围内的会员价格。比如，奈飞分别于 2020 年在美国和加拿大，于 2021 年 1 月在英国，宣布将其月度会员价格提高 100~300 日元。

由此可见，以跨国数字相关服务为首的全球标准价格机制，并不会顾虑日本普遍的廉价，仍会将此机制贯彻到底。

面临这样的涨价，我们都在被迫做出各自的判断。

当它们的价格上涨时，你有能力支付吗？

长期的通货紧缩均衡好似"温水"，对于身处日本的我们而言，在某种意义上可能觉得很舒适，但世界却不会因此停下来等待我们。由于购买力下降，日本人已无法跟上全球价格的脚步，连前往海外旅游也将变得难以实现。这样的未来，如今已经开始逐渐显露。

对于如何摆脱廉价日本，社会各界纷纷提出了各自的建议。

这些建议各式各样，例如，从宏观经济的角度，政府可以采用"通货再膨胀"政策，增加市场上的货币供应以提高人们对通货膨胀的预期，或放宽正式员工解聘限制等。但不管怎样，政府必须先废除对企业参与某些行业的限制，从而激活这些行业的市场化竞争。此外，企业即使面临巨大阻力也必须适时地调整人员配置，推进数字化转型，增加对提高员工专业性等人力资源的投资，并促使劳动者向生产效率高的行业流动。

其实，这些建议都不是第一次被提出来，各方该怎么去做是早已有了大致方向的。

归根结底，关键在于每个人在各自的工作岗位上，能否再迈出更大的一步。

比如，自己是否能接受放弃终身雇佣，采用按绩效而非按年功序列制的薪酬体系？从这些关系到每个人的切身利益的问题，到如何调整解聘规定的政治决策，我们每一个人都必须做出自己的选择。

"日本的常识"并非世界的常识，让我们认识到这一点的廉价日本的每一个实际案例，都在向我们发出这样的疑问：在微观上合理而在宏观上却并不合理的"合成谬误"所产生的缩小均衡，真的是我们可以安心停留的"避风港"吗？

8 / 访谈池见贤

"日本人以后可能吃不到鱼。"

池见贤　玛鲁哈日鲁社长

兵库县人，生于 1957 年。1981 年毕业于京都大学农学部，入职大洋渔业（现在的玛鲁哈日鲁）。历任海外业务部部长等职，2020 年 4 月起任玛鲁哈日鲁社长。

　　由于发达国家与新兴发展中国家的需求大增，水产品的国际行情持续暴涨，但日本却无力购买，这样的情况已经持续了很长一段时间。这种"买不起"，仅仅用汇率变动并不足以解释清楚。其背后还有日本长期的通货紧缩，导致人们一味追求廉价商品，以及消费者开始选择对鱼类敬而远之，不愿为暴涨的水产品买单等原因。最近，受新冠肺炎疫情的影响，餐饮行业不得不频繁暂停营业，导致鱼类的批发需求也在减少，因此日本的鱼卖得越来越廉价了。

　　现在，中国以健康为导向掀起了水产品消费热潮，如中餐的前菜开始使用三文鱼、龙虾等水产品。甚至连银鳕鱼也在中国的超市以高价出售，那样的价格普通的日本人可能根本买不起。在泰国曼谷的日本料理店里，受欢迎的菜品也是鱼肉料理。这样下去，日本只会被世界越甩越远。原本的平民食物秋刀鱼，可能在不久的将来也会告别日本平民的饭桌。

想要提高日本的购买力，只有从提高民众的收入着手。同时，为了防止人们对鱼的疏远，我们也需要想办法提供易于烹饪的鱼肉商品。为了消除消费者"处理一条鱼会产生很多厨余垃圾，太麻烦了"的心理，我们计划提供去骨后的鱼肉块，以及腌好调味料、烹饪简单的鱼肉商品。

然而，由于日本的环保意识较弱，完全养殖的鱼类等水产品的"附加价值"难以得到市场的认可，因此很难提高价格。除了新鲜的水产品外，玛鲁哈日鲁也在开发、生产冷冻食品。冷冻食品受益于双职工家庭的增加等原因，需求有了大幅度的增长。但是，冷冻食品很容易被超市用来吸引客流，一直到几年前，以五到六折出售的手法还是超市的惯例，如今冷冻食品也在以"每日低价"的名义廉价出售。

2020年4~5月左右，新冠肺炎疫情开始暴发，由于民众的居家时间变长，冷冻食品的需求得以大幅度增长。而且，许多超市限制入店人数，因此冷冻产品的折扣也在变小，单价得到了提升。未来，我们希望发挥自己的优势——海产资源，开发出健康的冷冻食品。最理想的情况是，我们推出让消费者认可的商品，并以适当的价格销售。

9
访谈伊藤隆敏

"日本的廉价迟早会演变为一个大问题，
对日本造成冲击。"

伊藤隆敏　美国哥伦比亚大学教授
出生于 1950 年，哈佛大学博士。主要
研究国际金融，兼任政策研究大学院大学特
聘教授。

比起纽约、伦敦、巴黎、新加坡等国家和地区，日本几乎所有的商品、服务都很廉价，包括拉面、外出用餐、服装、汽车、房租、酒店住宿、理发店、瓶装水、电车票价、公交车票价、大学学费等。

"日本的购买力"之所以持续下降，根本原因是劳动者的实际工资没有上涨，因此与增长中的海外经济体相比，日本家庭的负担越来越重。

那么，为什么劳动者的薪资不涨呢？因为生产效率没有提高。

为什么劳动者的生产效率没有提高呢？因为无论是大学还是企业，都没有为学生和劳动者提供一个可以掌握 21 世纪必备技能如人工智能等的学习环境。

日本企业既没有一套提高员工专业性的人才培养方法，又没有为已经掌握专业技能的员工提供更高的待遇，所以陷入了一种"虽不会出现落伍者，但也培养不出杰出人才"的状况。如果未来日本的国际性人才越来越少，那么日本人将难以在全球企业或国际机构中取得一席之地。甚至连日本企业的高层岗位也将被外国人垄断，日本人逐渐沦为普通劳动者，而外籍高管的薪资收入将会流失到海外，进一步加剧日本的贫困。如此一来，日本企业将没有余力代表日本向海外提供援助。从国家层面看，自卫队用于防卫的装备也将变得落后。日本的廉价，意味着日本主力劳动人群变得不那么富裕，这迟早会演变为一个大问题，对日本形成冲击。

即使遭遇新冠肺炎疫情，日本的相对廉价也并未改变。

日本想要摆脱廉价，关键是要提高年轻人、低收入者等消费意愿高的人群的收入。企业应该果断放弃终身雇佣、年功序列式的薪资制度，大力提高生产效率更高的年轻人的薪资。同时，扩大定岗型雇佣也是方法之一。

此外，企业对公司产品与服务的定价，也应根据市场需求的变化灵活调整。企业可以通过提高高品质服务、有特殊需求的商品的价格，来提高劳动者的待遇。这样一来，从长远看，产能便

不同国家企业员工能力开发费用占 GDP 的比重情况

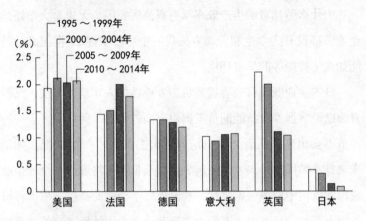

（来源）厚生劳动省。
（注）5 年间，企业为提升员工能力所支出的费用占实际 GDP 的平均百分比。
OJT（上岗培训）除外。

会自然地转移到社会真正需要的地方。作为消费者，我们也不应指责企业的涨价行为，而应尝试接受这样的观念："为高品质的商品与服务支付相应的价格是理所当然的。"

10 访谈永滨利广

"应该把努力的方向从减少支出转到增加收入。"

永滨利广　第一生命经济研究所首席经济学家

1995 年毕业于早稻田大学，入职第一生命保险公司。兼任总务省消费统计研究会委员等职。2016 年开始任第一生命经济研究所首席经济学家。

从消费者物价指数来看，在日本，服务的廉价比商品的廉价更为突出。由于服务行业的价格与人工成本直接挂钩，而日本劳动者的薪资几乎从未上涨，因此日本的服务十分廉价。在普通经济体中，用人单位为了确保人手充足，自然会提高劳动者的薪资，劳动者的消费水平也会因此得到提升，从而形成一个良性循环。然而，在日本，即使近年来各行业人手不足的问题十分严重，但劳动者的薪资还是未得到相应的提高。

　　未来，日本与海外的价格差距有可能还会进一步拉大。那么，日本该怎么应对呢？

　　物价下降的原因是消费需求不足，因此政府需要出台"相对于供给如何增加需求"的经济政策。为了刺激消费需求，国家应采取货币政策与财政政策，实施刺激供应的结构性改革。小泉政府虽然创造了战后最长的"伊弉诺景气"①（2002~2008年），但物价却并未上涨。现在的菅义伟政府②，应该更多地采取降低实际利率的金融财政政策。

　　政府通过发行国债高效地运用资金是极为重要的，只要政府大力投资就能刺激市场需求。比如，对未来的基础设施的投资；推行让消费者得到好处的税改政策；让民众更容易创收的免费数字技术职业培训等。但是，日本政府过于重视财政的规范性，因而以上的投资在日本很难实现。东日本大地震③后，受益于震灾复兴需求以及安倍经济学的实施，国家的经济状况一度有所好转，但政府却立刻提高了消费税。

　　作为企业而言，应当在考虑供需的情况下，对优质的商品设定相应合理的价格。如果宏观上不采取合理的经济政策刺激经济复苏的话，企业难以实施这样的定价策略，但企业目前的定价机

---

① 伊弉诺景气：指日本经济史上连续几年的经济景气扩张。

② 日本现任首相是岸田文雄。

③ 东日本大地震：指2011年3月11日发生在日本东北部岩手县、宫城县、福岛县等地的特大地震，此次地震引发了福岛第一核电站核泄漏。

制实在是太过于保守。一般来说，企业为了确保股东的利益，在定价时就应该以收益最大化为目标，但事实却并非如此。

由于可供家庭开支的资金和收入的减少成为常态，个体很容易形成节衣缩食的习惯。单独从家庭经济角度来看这虽然是合理的，但如果所有人都这么做，宏观层面上的消费需求就会萎缩。我认为在不降低生活水准的前提下，个体可以适当地节约，但不应该把精力花在压缩开支上，而应该转向如何增加收入。比如，个体可以积极地考虑跳槽到待遇更好的单位，或从事有前景的副业或投资。此外，如果家里有时间充裕的人，应积极地外出工作等。

如今，全球的经济结构已经发生变化，物价和利率难以上升。其开端是东西方冷战结束后，社会主义新兴国家参与市场经济，使得大量的廉价劳动力进入了资本主义经济体。同时，由于数字化的普及，物价更难以上涨，国内贫富差距持续扩大，财富进一步集中到了富人手中。然而，即使财富集中到了有钱人手里，也很难为市场带来新的消费。此外，由于物价难以上涨，导致利率也难以提升，货币紧缩政策难以实施，于是社会上的资金便集中流向股市。因此，个体想要通过劳动提高收入很难，但通过投资提高收入却相对容易。在经济全球化之前，劳动者只要肯努力工作，就能轻松地在经济增长中受益。但现在，劳动者已经很难获得与经济增长相符的劳动收入。由于通过投资容易获得财产收益，因此大家有必要适当地做好投资。

11
访谈八代尚宏

"重新审视劳动力市场，以摆脱廉价日本。"

八代尚宏　昭和女子大学副校长

美国马里兰大学经济学博士。历任经合组织经济统计局主任经济学家、日本经济研究中心理事长等职。2020年起任昭和女子大学副校长，同时担任管制改革相关政府会议的委员等职务。

日本的 GDP 在近 30 年间几乎没有增长。

不仅如此，日本的购买力平价甚至一度低于韩国。由于持续的通货紧缩，2013 年，第二次安倍政权与日本银行定下了物价稳定增长 2% 的"通货膨胀目标"，但因为受到劳动者的薪资的拖累而未能实现。

日本人之所以不涨薪资也能维持生计，其中一个原因是双职工家庭的增加。在过去的时代，只有"丈夫挣不到钱，妻子才会外出工作"。但之后，随着女性的高学历化，女性要求参与社会建设、实现自我价值的呼声越来越高，由此出现了很多双职工家庭。结果是虽然单靠丈夫挣钱无法养家糊口，但由男女正式员工组成的双职工家庭的收入，高于单靠丈夫一人维持家庭的收入，且这两种家庭间的收入差距正在逐渐拉大。由此可见，双职工家庭从过去缩小家庭间收入差距，反而演变成了家庭间收入差距扩大的主要原因。此外，由于劳动者中相对薪资较低的女性比例有所上升，改变了原有劳动者的构成，也使得劳动者平均工资的上涨率受到了抑制。

日本的劳动者之所以薪资不高，是因为全世界其他的国家和地区都在发展，只有日本的劳动生产率始终停滞不前。特别是在被公认为生产效率较高的制造业，企业纷纷关闭国内的工厂，转而前往亚洲等海外地区开设新的工厂。于是，导致生产效率较低的农业、服务业在整个国民经济中所占的比例越来越高。但另一方面，如果制造行业的企业坚持把成本较高的工厂留在国内，就会与世界性的全球价值链体制失之交臂。

政府如果要让企业提高劳动者的薪资，有两大方法：

一是企业不应惧怕最初的高昂成本，应通过对信息化的投资来提高企业的劳动生产率，同时促使劳动者向生产效率高的领域流动。这样的事情在经济高增长时期，是企业非常擅长的。而现在，过剩的劳动力却滞留在中小企业内，因此政府有必要调整对中小企业的过度保护政策。按理说，企业应当集中到信息和通信技术行业，但这样做可能会导致企业无法维持原有的雇佣岗位。

因此，政府必须完善解雇补偿制度，允许企业通过支付适当的经济补偿，让劳动者接受并同意辞职。这种通过金钱解决解雇问题的方式，在欧洲已经是一种相当普遍的制度。

二是取消不允许企业参与某些特定行业的限制，倡导自由竞争，如农业、医疗、教育、法务等行业。比如，政府实施减反政策①等，致使农业生产效率低下，导致该行业劳动者的薪资偏低。如果能够导入新的机制，提高农业的生产效率，使农业劳动者获得高额的报酬，自然会有新的劳动者流入这一行业。然而，即使所有人都明知非改革不可，日本也难以实现。这样下去，日本将难以打破被海外超越的连锁反应。

在日本，人们好像十分追捧"已经不需要经济增长"的观点。可是，以更合理的工作方式提高劳动者单位时间的生产效率，才是增加新的就业机会、丰富业余生活的根本方向。不停地跳槽固然不是一件好事，但倘若劳动者无论在什么年龄，都能够进入提供轻松的工作环境和与其能力相匹配的待遇的公司，不是很好吗？像这样的流动的劳动力市场，难道不应该是大家所期盼的吗？

---

① 减反政策：指日本为控制大米的产量，给予农户补贴以控制种植面积的一项政策，于1971年开始实施，2018年废止。

12
访谈河野龙太郎

"为了摆脱廉价日本，国家应该好好思考征税方式。"

河野龙太郎　BNP 巴黎银行证券首席经济学家

爱媛县人，1987 年毕业于横滨国立大学经济学部，入职住友银行。历任大和投资顾问，第一生命经济研究所，2000 年 11 月起任 BNP 巴黎银行证券首席经济学家。专攻日本经济论与经济政策论。

日本的低增长有两个原因：

一是企业即使盈利，也不会进行人力资本投资与无形资产投资，而是攒起来；

二是企业为了削减成本，提高了非正式员工的雇佣比例。

根据厚生劳动省的数据，日本企业与美国、法国等国家和地区的企业相比，用于开发员工能力的费用在 GDP 中所占的比例明显偏低。因此，在日本企业中，不仅非正式员工的生产效率得不到提升，连正式员工也是如此，所以劳动者的薪资一直处于低迷状态。然而，如果企业不积累人力资本，便无法为顾客提供其渴望的商品与服务。日本企业对 IT 的投资也是如此，在全球的发达国家和地区中，唯独日本自 2000 年开始便未曾增加对 IT 的投资，劳动者的实际工资也一直未曾上涨。

企业增加非正规雇佣劳动者的比例，不仅使得生产效率低下，而且令消费需求也难以恢复。2010 年后，由于人手严重不足，非正式员工的待遇得到了改善。尽管如此，整个社会的消费需求却依旧十分低迷。非正式员工消费意愿高，但收入少，原本只要他们的薪资上涨，市场的消费需求便会立刻活跃起来。然而，这一预期却落空了。在 21 世纪 10 年代，即使在充分就业的情况下，市场的消费需求依旧低迷，成为国内经济停滞的最主要原因。因此，企业只能依靠低价取胜。

之所以会出现这样的现象，是因为非正式员工清楚地知道，在经济不景气的时候，自己很容易会成为公司调整的一员，因此即使薪资有所上涨，他们也不会用来消费，而是选择把钱存起来。事实上，在新冠肺炎疫情暴发后，政府通过雇佣调整补助金 ① 等措施保障了正式员工的岗位，但非正式员工的就业状况却明显恶化了许多。

---

① 雇佣调整补助金：指日本政府为防止企业因经营不善而解雇正式员工员时提供的停工补贴。

鉴于此，今后政府必须考虑把非正式员工同样纳入失业补贴的范围，完善非正式雇佣劳动者的保障措施。由于他们一般不会长期就职于同一家公司，因此，为了能使他们流向发展迅速的行业，应该考虑向他们提供完善的就业培训与支持。这样的方法在瑞典等国被称为"积极的劳动力市场政策"。非正式雇佣劳动者已经占据就业市场的近四成，如果不能为他们构建完善的保障体系，那么即使经济能够复苏，社会消费需求也将难以恢复。

廉价日本是指以低廉的价格供应优质商品，这意味着商品并未按照其价值合理定价。倘若优质的商品以廉价出售，就会形成高"消费者剩余"[①]，虽然这可以被认为是经济福利好的象征，但消费者剩余却不会计入 GDP。此外，由于企业不会因此获得利润，劳动者的薪资也无法因此提高。若一个经济体的 GDP 不增长，则税收也不会增长，那么该经济体的社会保障服务的资金来源也无法得到保障。因此，保持商品的价值与价格的平衡是非常重要的。

日本虽然没有提高多少消费税，也没有提高社会保障体系的效率，却能避免财政危机，是因为进入 21 世纪后，政府通过厚生年金改革和后期高龄者医疗制度[②]改革等一系列措施，提高了劳动者的社会保险费率。但政府提高了劳动者的社会保险费率后，却导致企业的负担越来越重了，这也是企业采用非正规雇佣

---

① 消费者剩余：又称消费者的净收益，是指消费者愿意支付的价格减去其实际支付的价格。

② 后期高龄者医疗制度：指以 75 岁以上高龄长者为对象的医疗制度。

替代正规雇佣的原因之一。于是，日本形成了一套通过提高在职一代的社保费率，而并非提高税收，来解决随着社会老龄化而不断膨胀的社会保障支出机制。换言之，日本采取了从政治上最方便征收资金的地方收集资金的模式，导致日本的经济背上了极大负担。因为，这实际上是一种针对劳动者的税收，自然会导致社会消费需求的低迷。

为了摆脱廉价日本，政府有必要探索合理的征税方式。安倍经济学采取了提高消费税、降低法人税的模式，但考虑到附加价值是资本所得与劳动所得的总和，这样的组合意味着加强了对劳动所得的征税。也就是说，日本持续进行的是打击劳动积极性的税制改革。如今，日本已步入贫富差距时代，鉴于此，政府有必要开始对资本征税。举例来说，如果政府上调消费税的同时下调社保费率（劳动所得），则实际上是对资本征税。对企业而言，消费税不同于社会保险费用，在出口产品时属于退税对象，因此不会对其竞争力产生负面影响。同时，下调社保费率，对于收入不高的劳动人群而言受益颇大。让不宽裕的在职一代去承担宽裕的长者的社会保障支出，原本就存在着很大的问题。政府可以通过这一调整来纠正此问题。日益增加的社会保障支出，则可以通过提高消费税来让宽裕的长者承担。当然对于生活困难的长者，政府也需要提供现金补贴等支持政策。这样做可能会招致长者的反对，因而在政治上会遇到很大阻力，但如果政府维持现状，将难以维持社会保障制度及宏观经济的可持续性。

作为企业，也不应只着眼于削减成本，而是应加大对提高生产效率的投资。个人也应致力于提升自己的劳动价值，在兼顾工作与生活的同时，努力提升自己的专业技能。同时，高中与大学也应致力于使学生掌握有助于就业的实际技能。

后 记

"不知从何时起，日本的薪资水平在经济合作与发展组织中，已经下跌到了排名十分靠后的水平。"

这是在 2021 年 1 月底，在作为春季劳资谈判启动会议的劳资双方的高层会谈上，经团联的中西宏明会长的发言。日本的平均工资在 G7 中排名最后一位。

对于中西会长所说的"不知从何时起"，可能会有不少读者表示赞同。

然而，在日本不曾发展的这 30 年里，国内的薪资与物价水平一直在原地徘徊，导致日本在国际人才市场上丧失了竞争力。对于像我这样不了解泡沫经济时期的一代人而言，在世界上业已凋零的日本似乎处于一种理所当然的状态。

我在企业采访的时候，经常会遇到一些经营者和高管，他们无奈地表示，自己在海外分公司工作时，即使自己的下属被当地的竞争对手挖走，也会因为"公司给不起对方那么高的工资，所以只能对下属说'恭喜了'"。造成这种局面的根源，不仅是资金来源多寡的问题，也是一直以来未能成功改革的日本人事制度的问题。比如，我在采访中遇到过好几家企业，他们都禁止员工二次入职，因为离职员工从其他公司重新入职时，公司需要根据其当前的薪资水平对其薪资做出相应的调整，而这会引起一直留在公司工作的其他员工的不满。

我们通过本书的采访案例，思考什么是廉价日本的同时，其实也是在思考什么是"富足日本"。

根据国土交通省在 2021 年 1 月底进行的调查，居住在东京都的 2 人以上劳动家庭的中间阶层（排在 40%~60% 的部分），其可支配收入扣除伙食费、住宿费，以及因通勤时间损失的从事其他生产活动的机会成本后，剩余的可用于娱乐活动等的金额排在全国第 47 位，即在全国所有都道府县中垫底。

换言之，东京都的中间阶层家庭，是全国经济上最不富足的群体。这意味着，即使生活在廉价日本的首都，很多人也过得并不富足。

日本之所以在全球看来很廉价，对日本人而言却并非那么廉价，其根本原因可能就在于此。

《廉价日本》系列报道在报纸上连载时，承蒙编辑局企业新闻部的中西丰纪次长（当时，下同）与小高航部次长担任责任编辑。两位编辑均拥有丰富的海外工作经验，从报道的建构方式到全球性的见解，都给予了我亲切的指导。第 3 期的报道由井上孝之记者、花田亮辅记者、桥本刚志记者等人负责，他们基于在日本工作的外籍人士的实际状况，以及美世公司统计的薪资对比数据等，深刻地揭示了曾是新兴国家民众憧憬的"打工圣地"——

日本的没落。与我一同采访大创的佐伯太朗记者，从原证券人的视角，细致地分析了海外的各种统计数据。

本人有幸以独著的形式出版本书，得益于责任编辑和大家的支持。本书的问世，离不开全体成员携手采访、撰稿，共同创作的系列报道《廉价日本》。大隅隆部长在第一眼看到本人拙劣的策划案时，便犀利地指出"这就是廉价日本"，对方案进行了精准的删减，并从报纸连载、登载到单行本的出版，给予了我许多宝贵的建议与莫大的鼓励。借此机会，谨向所有给予过我帮助的人们，包括欣然接受采访的各位受访者，表示最诚挚的谢意。

本书的出版工作，始于 2019 年在报纸上连载结束后，日本经济新闻出版社（现在的日经 BP 日本经济新闻出版本部）联系并询问我是否愿意出版单行本。但不久后便暴发了新冠肺炎疫情，世界形势为之一变，因此我也在本书中相应地增加了新冠肺炎疫情对廉价日本的影响，于是本书定在了此时出版发行。非常感谢第一编辑部的长泽香绘女士在此期间给予了我莫大的支持。

疫情暴发后，社会上对许多服务的需求因此销声匿迹，从而导致价格呈现出进一步下跌的趋势。当我们在 10 年后再回顾时，或许会发现现在便是世界形势的巨大转折点，本书若能成为触动读者觉察到某些事物的契机，我将深感荣幸，聊以此愿完结本书。